김용옥이 띄우는 연애편지

김용옥이 띄우는

연애편지

김 용 옥 수필집

세종출판사

| 글머리에 |

경계가 없는 수필

수필에는 인생의 경계가 없다. 수필은 삶의 뼈와 살을 옹글린 글이다.

청천에 빛나는 태양 같던 청춘은 어디로 갔을까? 인생을 군데군데 할퀴던 태풍의 중년은 어디로 갔을까?

아무리 신실하게 가꾸어도 간밤에 무서리 내리고 폭풍우에 진흙탕이 덮치기도 하는 게 인생행로다. 인생은 임중도원任重道遠이다.

사상, 철학, 종교심은 인생의 골수다. 그것들이 아름다운 한글의 옷을 입고서 지성의 수필이 되고 문학예술이 되었다. 문학은 모든 예술의 뿌리요 씨요 어머니다. 문자 아니면 어떤 감성도 이성도 작동하지 못하기 때문이다.

나의 수필에 경계는 없다. 세상이라는 무대 위에서 춤추고 노래하고 그림을 그리기 때문이다. 인간과 지구에게 해악이 되는 일 말고는 어떤 경계도 없이 나의 생生놀이판이다.

〈에세이포레〉에 연예편지 쓰듯 다년간 연재해온 수필을 비로소 엮는다.

선뜻 도우미로 나서준 세종출판사에 감사드린다.

이 모든 예술과 인생을 즐기는 방법을 가르쳐준, 정말 멋진 남자였던 우리 아버지께 바친다.

2019년 11월 18일

학鶴마을에서 休霞 金容玉

목차

1부

2부

3부

4부

5부

| 작품해설 |

●○○○○

1부

지구에 띄우는 연애편지를 읽고

– 세바스치앙 살가두의 사진전

작은 사람은 큰사람을 만나서 큰마음 큰 사고를 배운다. 경제력과 생활그릇이 작다 해도 두뇌와 마음은 우주만 한 것이 사람이다. 두뇌사고를 잘 쓰고 마음그릇에 우주까지 담는 사람으로 살고프다.

세종문화회관 예술동으로 세바스치앙 살가두Sebastiao Salgado를 만나러 싱싱싱 갔다. 그를, 그의 사진을 실컷 보고파서다. 20여년 전, 소의 코뚜레를 여자의 입술에 끼워놓은 것 같은 인디언의 사진을 보며 경악할 때, 그의 이름을 알았다. 그 사진은 여성인 나에게 분노와 비애를 주었지만, 그것은 지구상에 벌어지고 있는 실제 상황이고 그들이 사는 방법이었다. 그의 사진은 "지구상에 무슨 일이 일어나고 있는가?"를 궁금하게 했다.

세바스치앙 살가두는 미국 벤더빌트대학의 경제학석사, 프랑스 파리대학의 경제학 박사로, 은행가로 성장한다. 20C 후반기는 세계적으로 경제학에 몰두한 시기였다. 그는 국제커피협회에서 커리어 일을 시작했다. 그가 달려간 아프리카 재배현장에서 비참한 농부의 상황을 목격한 그는 갈등하지 않을 수 없었다. 사고에 빠진 그는 아프리카인들의 고통스럽고 비참한 삶과, 위대하고 아름다운 자연의 모습을 카메라에 담기 시작했다. 그는, 더 이상, 부유한 국가의 사람들-돈에 눈먼 사람들을 위해 아프리카인들을 착취하는 사업에 종사할 수가 없었다. 그렇다, 인간의 행동이 항상 옳고 바른 것은 아니다! 나도 턱없이 비싸게 마시는 커피를 줄여야겠다. 틈틈이 기록으로 찍기 시작한 사진에서 그는 위대한 자연과 자기가 진정해야 할 일을 발견했다.

그는 사진작가로 변신하여 사진에이전시 '매그넘'의 일원이 된다. 정교하고 웅장하며 신비한 그의 사진은 지구별이 품고 있는 진짜모습인데, 우리가 상상하기 힘든 지구별의 색다른 얼굴이다. 그의 사진에서 지구의 방대함, 거창함, 위대함, 신비함, 경이함을 보고 전율의 침묵에 잠겼다. 내가, 이러한 지구별에서, 살고 있다니!

1993년. 그는 'Workers Prosect'를 계획하여 브라질의 금광에서 고통스럽게 육체노동을 하는 현장을 사진으로 담았다. 자본에 눈먼 이들의 호화豪華한 부를 위해 잔혹한 횡포를 당하는 노예 같은 빈자들의 노동현장을 목격하며 울었다.

2000년의 사진전. 'Migrations Prosect'로 아프리카대륙의 기아飢餓와 사헬지역의 환경파괴와 자연재해로 고통 받는 삶을 문명사회에 고발한 것이다. 인간은 어찌 해야 인간다운 것인가? 그들의 손을 잡아본 적 없는 내 손을 내려다보며 울었다.

그리고 직접 관람한 'Genesis Prosect'. 그가 8년간 지구행성의 30곳을 찾아다니며 난관을 뚫고 포착한 지구의 모습들이다. 지구의 실제이건만, 참으로 감동적이며 상상적이며 드라마틱하다. 저 희귀하고 상상을 초월하는 동물들과 대지와의 관계, 그 안에서의 생명운동과 신비한 조화! 자연의 신이 그린 그림이라고밖에 설명되지 않는 극지방의 경이로운 장관과 열대우림의 방대하고 싱싱한 생명력! 입을 떡 벌리고 바라볼 수밖에 없는 사막과 환상적인 암산과 천변만화하는 하늘과 대지들! 지수화풍만이 그려낼 수 있는 천지창조의 세상이 바로 거기에 있다!

세바스치앙의 사진을 보면서 지구에 대한 사랑과 인간에 대한 연민이 뭉클거렸다. 그가 자본의 노예로서 행하는 노동과 학대의 현장을 목격하게 했다. 자본가를 위해 비싸지는 커피를 마시고 싶지 않다. 자본가들의 심전心田이나 심지心地는 황폐한가? 힘쓰고 애써 일하는 자에게 소득을 더 많이 분배해야 하지 않는가? 사람은 모두 지구의 자식이다. 지구의 모성을 배워 사람의 황폐해진 마음을 치유해야 한다.

볼 것도 많지만 사유할 것이 자꾸 겹쳐들었다. 코뚜레입술을 가진 어머니가 눈망울이 맑은 아기에게 젖을 물리고 있다. 무릎에 지쳐 늘어진 예수를 안고 있는 성모 마리아의 고요한 슬픔이 겹친다. 에티오피아 코렘Korem난민캠프의 '아이들 방'을 물끄러미 바라본다. 이들은 도대체 누구의 죄 때문에 이리 비참한가? 그 아비 어미의 죄인가, 이 천진무구한 어린이의 죄인가? 문명을 거머쥔 자들의 무분별한 벌목과 목재수출로 브라질 열대우림의 50%가 사라지고 빈한한 노동자들은 대규모농장 생산과 광산채굴에 의해 제 명대로 살지 못하고 죽어갔다. 르완다에서 1만5천 명의 사람이 죽어가는 것을 목격했다는 세바스치앙의 가슴이 느껴졌다.

해가 다르게 파괴되어 가는 지구가 얼마나 더 견딜 수 있을까를 생각하지 않을 수 없다. 지구 곳곳에서 대규모의 폭우가 쏟아지고 사람이 막을 수 없는 폭풍과 지진이 빈번해지고 있다. 태평양에는 거대한 쓰레기더미가 섬처럼 떠다니고 해저까지 파헤치며 자원을 찾아 혈안이다. 이 모두 정치적 권력과 경제적 탐욕이 저지르고 있는 일이다. 지구의 심장에 독약 묻은 칼을 꽂는 일이지 뭔가. 종말을 향해 재빨리 달리고 있는 지구를 생각했다.

세바스치앙은 황폐해진 브라질의 고향마을-0.5%만 남은 고향땅의 우림지역에 나무심기를 시작했다. 토종의 나무들은 서서히 뿌리를 내리고 열대우림은 되살아나기 시작했다. 숲이 있으면 새와 곤충이 모여든다. 지구 자체의 위대한 프로젝트인 것이다! 만세 만만세! 전기톱만 사라져도 아마존 숲이 그리 쉽게 훼손되지 않을 수 있다고 한다.

남극과 북극, 아마존(110개 부족이 자연적, 원시적으로 살고 있다.)은 지구인 모두가 지켜야 할 곳이다. 인도와 스페인에는 더 이상 숲이 없단다. 온난화의 주범인 CO_2를 사람의 생명공기인 산소로 바꾸는 공장은 오직 숲뿐이다. 숲은 지구의 머리카락이나 마찬가지다. 숲이 없으면 비가 그냥 강과 바다로 줄달음쳐 사라지고 땅은 황폐해진다. 숲은 지구의 순환에도 중요하다. 지구환경은 순환적으로 영향을 끼치기 때문이다. 문명이 환영하는 화석연료의 사용과 무분별한 벌목이 온난화를, 온난화는 기상이변과 빙하 빙벽 빙산의 해빙을, 아프리카의 가뭄과 황폐해진 대지를, 결국 생명의 기본권인 먹는 일조차 할 수 없는 굶주림과 기아자의 급증을 몰고 왔다. 단지 지구 저편의 일이라고 무심할 수는 없다. 문명적인 현대인의 과오로

빛어진 일이므로. 신비하고 아름답고 감동적인 사진들을 보며 나는 슬프고 고통스러웠다.

사진전 '제네시스Genesis'에서 산과 바다를, 사막과 동물을, 무엇보다도 사람의 조상祖上 같은 원주민을 재발견했다. 아니, 더 조촐하게, 숲에 더 감사하며 살아야겠다. 지구별의 46%는 아직도 창세기 때의 상태로 남아 있다고 한다. 자연을 엄청나게 파괴한 현대인이 지구상에서 가장 사악한 괴물 같다. 아아, 무엇보다도 오래된 그 나무들과 꽃들과 새들을 만나고 싶다.

세바스치앙 살가두가 '지구에 보내는 연애편지'를 현대인에게 읽히고, 읽히고 또 읽히고 싶다.

그림말 암벽화

맨처음 그림말을 창조한 사람은 누구였을까? 삶의 생생한 역사를 대대손손 들려줄 생각을 한 그는 누구였을까? 우리는, 나는 무슨 말을 후손에게 들려주고 싶을까? 무엇으로 우리가, 내가 산 족적을 증명할 수 있을까? 고대인간이 남긴 말귀를 현대인인 내가 이해하며, 역사와 미래를 넘나드는 생각의 길을 내고 있다. 먹방 숲속의 반구대 암각화를 읽고 있는 것이다.

그 인격과 사상을 존경하는 '한돌 선생'은 만날 때마다 역사 흔적이 있는 곳을 안내하며 대화를 이어간다. 물에 벌판에 숲에 안겨있는 인류의 족적, 역사의 언어, 자연의 생명력을 환기시켜 주신다. 늦여름의 그날, 싸랑비가 간간이 오가는 날씨에 동행하여, 아무도 오가지 않는 숲길을 원시인처럼 살금살금 걸어갔다. 간간이 새가 푸드덕 날개 퍼덕이는 소리가 들릴 뿐 적요했다. 적막한 반구대 숲길을 새끼동물처럼 두리번거리는 중이었다. 눅진한 향내 같은 숲냄새가 전신에 감겨들었다. 두 마리 기립동물처럼 살곰, 살곰 걸었다.

쇠고기의 고향 언양면 대곡리의 '반구대 암각화'. 국보285호이며 유네스코세계문화유산(2010년 1월 등록지정)으로, 자연과 인간의 조화를 기록한 그림문자를 인류사적 가치로 인정한 것이다. 조상들이 기우제를 지내던 신성한 제단이었던 반구대는, 울산지역의 생활용수를 공급하는 사연댐(현대인이 창안한 물 관리방법)의 건설로 수몰지역이 되었다.

암각화는 물을 머금어 부식되어 사라지고 있는 중이었다. 게다가 물먹은 바위틈에 나무가 뿌리를 벋어가며 바위를 갈라내서 물속으로 떨어뜨려 버리고 있다. 그 옛사람이 갔듯이 우리가 간 뒤에도 남아서 옛말을 기억하고 있을 암각화인데 말이다. 보존정책에 관심을 두지 않는 건 부끄럽고 무식한 처사건만 거의 방치상태였다. 가장 오래가는 기억은 바위에 새기는 거라 했던가. 우리 땅의 유구한 인류역사기록을 무분별한 현대인이 망가뜨리고 있는 셈이다.

나뭇잎 새새로 떨어지는 햇빛과 수면에 어룽거리는 빛그림자가 반사하여 암각화를 비춰주었다. 안간힘을 다하여 보일동 말동하는 그림 자국을 더듬었다. 저 크고 단단한 캔버스에 오늘날 같은 화구로 그리기에도 정말 힘들겠다. 저 암벽그림 하나로도 우리 땅의 유구한 역사는 입증되지 않는가. 암벽화는 먼먼 선조의 삶을 기억하는 품위를 갖고 있었다. 쇠잔해가지만 아름다운 인류유산이다. 그러나 에이 참, 유구무언이었다.

그림말을 쪼고 긁고 파며 새기는 일은, 간절히 말해주고픈 집념과 실천의지가 맞잡은 고난의 실행이었을 터다. 수수만 년이 흘러도 그의 말을 여실히 전할 수 있는 방법은 '바위에 그림언어' 아니겠는가. 나무에 새긴 그림문자였다면 진즉에 삭고 썩어 흔적조차 없어졌을 게다.

"우리가 이런 방식으로 똑똑해선, 우리의 역사는 티끌 한 점도 남지 않겠지요?" 저절로 고개가 숙여졌다. 고대인에게 그리고 후손에게 미안한 일이다.

깊은 숲길을 걸었다. 음습함과 서늘함. 바람이 지나가면 나뭇가지가 햇빛을 흔들고, 나뭇잎 사이로 떨어지는 빛그림자가 캄캄한 호수면湖水面에서 춤을 추었다. 먹방숲이 장엄하다. 저절로 합장을 했다.

그렇다. 오래되었으므로 아름답다. 저 숲, 저 물길, 저 암벽화가 오래되었기 때문에 아름답다. 현대인이 세운 마천루摩天樓보다 편안하고 아름답다. 때가 이르면 사람이 세운 것은 돌

위에 돌 하나도 남지 않으리라고 한 성경구절이 생각났다. 광대무변한 자연의 이치를 생각하며 자연을 압도하지 말고 겸손하기를 빌었다. 사람이 오래 늙어갈수록 아름다울 수 있을까…….

움푹 움푹 파인 자국을 더듬더듬 읽다가 숲속 음식점에 들어갔다. 그집 벽에 걸린 암벽화사진을 보며 감탄했다. 실제로 저 암벽엔 동식물 290여 종류가 새겨져 있단다. 14인물상人物像을 위시하여 고래, 거북, 물새랑 산야의 동물인 호랑이, 사슴, 여우, 너구리가 뛰놀고 있다. 참으로 놀랍다. 배, 선박, 그물도 그렸다니. 작은 배 옆에 엄청나게 큰 고래에게 작살이 꽂혀있다! 하, 위대한 사냥도구가 발명돼 있었다. 온 마을사람이 포식할 만큼 거대한 고래를 포획한 뱃사람은 위대한 영웅으로 칭송됐을 터이다. 이 그림언어는 인류 최초 고래잡이 유적으로 평가되었다. 귀를 숙이니 자분자분 옛사람들의 생활이야기가 들려온다.

이 반구대 암각화는 1971년 성탄절에 발견되었다. 각종 암각화가 우리나라(남한) 30여 곳에서 발견되고 있다. 그것은 우리 땅이 사람 살기에 마침맞았다는 증거이며 역사가 유구하다는 실제증거다. 이 땅은 신성하게 점지된 땅인 것이다. 과학을 만능신으로 믿는 현대에 와서 과학적인 수자원개발정책이 남발되었다. 역사적 지질학적 탐사조사도 제대로 하지 않고 사안댐을 축조한 결과, 반구대는 1년에 6개월간 침수되어 있어야 하니 부식이 가속화되고 있다.

인류의 시원과 생활족적을 추적하여 인간과 대지의 역사를 발굴하여 기록하고 보유保 보지保持하려고 노력하는 선진국의 문화의식을 어떻게 생각하는가? 우리는 세계에서 으뜸가는 유적유산을 버리고, 폐기처분해도 될 저 흔해빠진 아파트나 고층건물을 물려줄 것인가? 망치고 없앤 후에 새로 지은들, 세월을 농축할 수는 결코 없다. 맨발의 발걸음소리가 들린다. 암벽을 쪼고 긁어대는 소리가 바람소리에 서그럭서그럭 들려온다. 역사기록과 인류흔적을 남긴다는 것은 인간만의 지능이요, 까마득한 후손에게 자기시대의 삶을 들려주려는 소망은 인간만의 지혜다. 그래서 인간이 만물의 영장靈長인 것 아니겠는가.

지금 우리가 사는 것은 삶도 생활도 제대로가 아니다. 하루살이 같고 일회용휴지 같다. 단순히 용쓰고 돈 벌어 먹다, 자다, 아주 꺼져버린다. 어차어피 영영 살지 못하니 오늘 먹다 죽는 것인가 싶다. 양계장의 닭 같다. 발걸음 따라 별의별 생각이 꼬리를 물고 일어났다 사라진다.

몇 년간 두고두고 오래오래 반구대암각화를 생각했다. 그리워서, 영 지워버릴 수가 없다. 인류역사와 인간생활의 증언 증거가 되는 글을 우리가 남길 수 있으랴…….

꽃바느질의 명인 수향秀香이여

야속하게도
되돌아가는 인생길이 없으니 그냥 걸어가야 하리
막막하고 보이지 않는
인고의, 저 희미한 길을, 홀로
사슴사슴 걸어가야 하리

침선공예를 하는 수향秀香 정경희丁敬姬(1954년생) 선생의 수예 미술품 앞에 서서, 그를 위해 읊은 기도문이다. 저 때깔 고운 그러나 외로운 꽃바느질의 길을 살아있는 끝날까지 사슴사슴 걸어가길 빈 것이다.

정경희 선생의 수예품 앞에 서면 광명한 태양 아래 선 것처럼 느낀다. 섬세하고 선명하고 알록달록 아름다운 색의 세계를 온전히 보여주기 때문이다. 빛이 없으면 색깔이 없고, 색깔이 없는 무색계는 삶의 진상眞相일 수 없다. 인간도 인간의 삶의 현장도 색의 세계이지 않은가.

수향의 꽃바느질 수예품 앞에 내 눈과 인식의 세계는 싱싱하고 팔팔하게 살아났다. 그가 피워낸 꽃 한 송이, 구름 한 조각, 조각보의 색깔 조각조각에서도 그의 시심과 예술감각과 열심을 읽기 때문이다. 작은 천조각을 공글리고 잇고, 가느다랗고 쬐그만 바늘로 한 땀 한 땀 천조각의 위아래로 구멍을 뚫어가며 색실을 끌고 갈 적에 그는 마음을 비우고, 버리고, 끝내 무심하였을 것이다. 수향 선생은 자수를 하면서 수심修心하고 세심洗心하였을 것이다. 그러기에 오방색으로 만다라 세계를 지어내었을 것이다. 나는 저절로 두 손을 가슴에 대고 감상하는 자세가 되었다.

수향 선생은 색의 마술사다. 수향의 손길은 마법지팡이를 쥔 마법사의 손길이다. 수향 그는 형상의미의 도술사다. 꽃수예작품마다 곱고 명랑하여 양기운의 에너지가 흐른다.

수향 선생과 엇비슷한 연배인 나는 1950년대 후반기부터 1960년대 말쯤까지 참 많은 수예품手藝品을 보고 배우고 실현하며 성장했다. 친정어머니가 명주실 꼬아 한양비단에 수놓아 장침베개의 베갯모를 지어주신 그 베갯모는 아직도 잘 보관하고 있다. 어머니는 '호랑이와 까치' 자수액자와 소나무에 백학이 앉아 쉬는 '송학' 자수액자도 대청마루 벽에 걸어 놓았다.

뿐만 아니라 겨울밤 긴긴 밤에는 밥언니와 함께 색색의 갑사와 공단을 작은 사각형으로 오려 잣알을 고이 접기도 배웠다. 소위 잣베갯모를 만들었다. 잣알 모양으로 접은 천을 실에 줄줄이 꿰어 둥글게 말아 꿰매면 황국이 피고 작약꽃이 피어난다. 소복소복 도톰하고 고운 베갯모서리가 되었다. 어머니의 반행서 서예작품에 남색수실로 수를 놓은 머리병풍은 작은언니의 혼수품으로 남겨주었다. 이렇게 자수에 낯익은 생활을 살아선지, 그 시절이 정겨이 그리워지듯이 정경희 선생의 자수가 정겹다.

한편으로 규방여인의 '한恨의 미학"이라고 생각되는 자수와 그 행위들에선, 인고와 감춰진 슬픔의 냄새가 그윽이 풍겨났다. 내가 젊은 아낙이었을 때, 어머니의 절친切親이자 한글서예가며 자수명인이신 이학李鶴 선생의 자수전시회에 들락거리기도 하였다. 모란이 핀 꽃수반지, 한복에 어울리게 들라고 어여쁜 자수핸드백과 수저집을 선물해주셨다. 그분의 한수韓繡작품은 원광대학교에 기증하였고, 그때 발간한 자수전집은 어머니를 통해 나에게도 한 권 보내주셨다. 그 귀한 자수전집을 이따금 펼쳐보며 선생의 한수작품에 묵묵히 찬탄을 보낸다. 그 인고의 옛정이 그리워지면 옛날사진 펼쳐보듯이 자수전집을 펼치며 시름을 다스리곤 한다.

그런 안목 덕분인지, 수향 선생의 침선공예에 금방 다정해졌다. 옛 침선놀이를 현대예술로 승화한 이는 단연 수향 선생이다. 수향은 규방칠우 즉 바늘, 실, 골무, 자, 가위, 인두, 다리미를 자기 옆에 들앉히고 20여년 희로애락을 함께했다. 예술은 흔히 피를 흘리는 고행의 결과라고 말하지만, 틀린 말이다. 참으로 자기가 좋아하고 잘할 수 있는 일을 창작의 미감으로 표현한 것이 예술이잖은가. 나아가 그런 예술작품만이 감상자를 감동시킨다.

수향 선생은 규중칠우로 생활예술품을 지어서 우리의 전통적 침선놀이를 침선예술로 격상시켰다. 오방색이 물결치는 '꽃바느질전시회'에서 나는 나비처럼 이리저리 날았다. 무심한 열중, 텅 빈 안식, 일심의 세계를 맛보는 것이다.

수예의 기술과 연구는 세월과의 싸움이다. 정경희 선생은 일찍이 남농 허건許楗 선생을 사사하고 미술대학을 졸업한 동양화가로, 한참동안 미술교사로 살았다. 영혼이 주는 감성은 어느 날 문득 찾아온다고 하던가. 불혹의 어느 순간, 어릴 적에 어머니가 꿰매시던 누비이불, 밥상보, 베갯모, 노리개의 색깔이 그의 내면에 뿌리내리고 있는 걸 깨달았다. 정갈하고 화려한 청靑, 적赤, 황黃, 백白, 흑黑, 음양오방색의 아름다움이 그의 미감美感과 여인의 정한情恨을 꼬드긴 것이다. 오방색감은 한국적 색채이므로 수향은 더욱 다정하고 편안한 미감을 감지했을 것이다. 그는 어머니를 그리워하듯이, 모성母性을 알아가듯이, 침선에 푹 빠졌을 것이다. 미치지 않고는 한 세계를 이룰 수 없지 않은가. 수향은 한결같은 열정과 탐구로 꽃바느질의 예술성을 이뤄냈다.

수향 선생의 낭군은 천재적 언어술사인 김종 시인이다. 김종 시인은 또한 색채의 요술사인 화가다. 그의 그림은 색깔의 시詩요 색의 수필이요 색채로 지은 기도문이다. 수향의 작품에선 이따금 부군의 그림이 보이고 낭군의 시가 보인다. 전혀 다른 분야의 예술로 예술가는 한통속이 되지 아니한가. 어쩌면 수향 선생은 시정詩情을 꽃수로 피워내고, 어머니에게서 유전 받은 모성애를 침선미술로 이야기하는 건지도 모른다. 그 아름답고 정갈한 꽃바느질 예술품을 그가 세상에 드리는 '만다라'라고 할밖에.

한복맵씨의 완성이랄 수 있는 자수노리개에는 거북이 등마다 꽃수가 피어있다. 띠돈과 끈목, 매듭, 술로 섬세하게 조성된 노리개. 그 하나로도 기복祈福이 가득하다. 꽃버선을 보시라. 조선치마 아래로 살몃살몃 내비치는 꽃버선의 코에는 자귀꽃 같은 수술이 간당거린다. 시집간 딸애의 침방 밖에 친정

아버지가 심어주신다는 합환수合歡樹 자귀나무의 꽃수술 아닌가. 수향은 옛이야기를 현대적으로 풀어놓았다. 한옥 방문살을 연상시키는 목공예에 여인상을 수놓아 액자화한 작품은 내 방문에 한 폭 걸어두고 싶다. 자수刺繡로 장식한 장롱欌籠을 한 벌 지어 명품으로 보관하면 정말 좋겠다.

자수 중에 가장 여성스러운 자수가 꽃자수=꽃바느질이리라. 제각각의 만단정화萬端情話를 품은 꽃송이 꽃송이들. 모란 난초 매화 국화에 도라지 무궁화뿐 아니라 장미 나팔꽃이 피고 피고 수련화도 피었구나. 이학李鶴 선생이 간파하기를, 자수는 고독한 어머니의 수심修心이 가꿔낸 것이라 했는데. 자수는 규방에서 수도하는 힘, 인내하는 힘, 가정을 건사하고 자식을 교육하는 힘이란다. 이런 어머니의 인내와 삭임, 불변함과 정성이 고려高麗 말기 불사이군不事二君의 절개를 지킨 충신 정몽주와 조선朝鮮의 대학자 이율곡을 길러내고, 〈홍길동전〉의 대작가 허균과 시인 허난설헌의 문재를 양육해낸 인고의 힘인 것이다. 이 땅에 잠시잠깐 풀꽃 한 송이 피우는 데에도 1년의 인고의 시간이 걸리지 않는가.

젊을 적 수향은 동양화가였으나, 나이 들어가며 친정어머니의 바느질솜씨를 보고 자란 일이 가슴에 전이되어 있음을 발견했다지 않은가. 수향의 예술적 자질은 어머니의 조각이불과 밥상보, 베갯모를 짓는 고요한 솜씨에서 비롯되었지 싶다. 수향의 20년 독공은 꽃바느질의 명인으로 서게 했다. 이미 안방에서도 사라져가기 시작한 자수를 되살려내자고 작심한 처음에는, 외롭고 끝이 안 보이는 '자수의 길'이었을 것이다. 그는 인내와 열정으로 역사적 탐구와 미술적 도안 연구의 길을 홀로 걸어왔다. 그의 두뇌와 손이 시간과 싸움해온 꽃바느질의 길과 '꽃자수'는 수향 선생이 세상사람들에게 보여주는 만다라다.

이학李鶴
자수명인, 故 진의종 국무총리의 부인
자수 명작을 원광대학교 박물관에서 소장하고 있음.

해, 달, 별, 땅, 꽃의 빛깔이여

날샘 녘의 동쪽하늘은 앞산 너머에서 따듯한 황금색으로 물들어온다. 오늘이 찬란하게 밝는다. 아, 또 하루가 나에게 주어진다. 창가에 손 모으고 서서 아침놀을 바라보며 감사한다. 그대로 황금색 태양이 불쑥 돋아오를 때까지 묵상한다. 일출풍광은 늘 새 꿈이고 새 기운이다. 살자, 살자.

아침빛과 함께 방문을 활짝 열어젖뜨리면 온통 클림트가 환하게 펼쳐진다. 노리끼리한 벽과 연두색 문틀 사이에 클림트가 길게 드리워있다. 가만히 다가가 그림 〈키스〉에 키스를 한다. 하루살이가 시작된다.

집수리를 했다. 생활의 군더더기를 가차 없이 버리고 치우고 비우기가 힘겨웠다. 낡아진 것들을 지나간 세월처럼 미련 없이, 쓸모없는 책들을 주저 없이 파기破棄했다. 어느 정도 수리를 마칠 때쯤, 이웃친구가 먹을거리를 챙겨들고 왔다. 때가 낀 냉장고에 무늬벽지를 붙이고자 하는데 어머나, 클림트의 인쇄화지를 가져온 것이다. 아아, 〈키스〉! 난 얼른 방문에 댔다. 딱이다. 방문에 붙여주오! 새순 같은 노랑연두색 액자에 가둔 명화 〈키스〉가 되었다. 그리고 다음날에 냉장고벽과 책방의 문에 클림트의 〈생명의 나무〉와 〈유디트〉를 턱 붙였다. 금빛 찬란한 벽, 황홀한 방문이다.

그림들의 주색主色은 황금색이다. 거기에 초록, 청록, 보라, 주홍, 주황, 황갈색, 연노랑 붓질이 스친 하양이 가득하다. 모두 태양빛 노랑이 섞여 빛 속에 연출되는 명랑한 색깔이다. 저 그림 속 노랑을 마시며 나는 밝게 살고 싶다. 나는 꿈을 갖고 살고 싶다. 나는 아직 간절히 살고 싶다. 추운 한겨울 아침에도 금박옷을 입은 여인에 겹쳐 서서 노랑을 포옹한다.

어느새 동지섣달. 하반영 화백이, 황금색 물감이 채 마르기도 전에 주신 〈2009년 5월, 어느 날〉을 벽에서 내린다. 그러고는 95세의 새해에 기상하자마자 붓 잡아 그린 그림 〈무제無題〉를 내어 건다. 그 위엔 정휴당 서예가의 일필휘지 〈지족상락知足常樂〉이 걸려있다. 새해를 위한 마음준비다. 〈무제〉는 다갈색, 황금색, 연노랑, 주홍에 차례로 에둘러져 있다. 하양, 청록, 검정이 그 안에 엉키어 놀고 있다. 마치 대지 위에 갖가지 색이 얼크러져 뛰노는 듯 황홀하다. 만물만상이 어우러져 빛의 교향악을 연주하는 것이다. 오늘 어떠한 생놀이가 주어지든 나는 즐거워하리라. 내가 살아있어서 세상 색을 보는 것이 기쁘다.

학창시절 내내 명화名畵를 스크랩했다. 나의 보물1호인 그 수백 점 그림들 속에서는 노랑색 그림이 찬란하게 빛났다. 근대에 이를수록 노랑은 그림 속에 숨겨졌다. 전쟁과 빈곤과 세기말을 전후한 불확실한 시대의 인본주의에 휩쓸린 화가들의, 어둔 인생의 표현일지도 모른다. 아 고흐. 유난히 노랑이 눈부신 고흐의 그림들은 늘 태양 앞에 두 팔 벌리고 선 듯 희망과 흥분을 주었다. 고흐의 노랑은 그의 이루지 못한 꿈과 열정의 빛깔이었다.

노랑색은 명도가 높아 현시욕과 희망을 드러내기에 적합하다. 지상에서 보는 태양의 색, 월색月色, 별빛이다. 대지의 색깔이요 꽃을 잉태한 색이다. 활달하고 생명력이 가득한 노랑은 검정의 흑암을 좌악 가르는 색깔이다. 내 인생에 검은 장막이 드리웠을 때 〈색깔은 운명을 바꾼다〉는 색깔공부를 했다. 노랑 동그라미를 그려 책상 앞에 태양처럼 붙이거나 고흐, 뭉크, 모네를 벽에 가득 붙여놓기도 하고, 일부러 노랑 셔츠를 즐겨 입기도 했다. 노랑은 어디에나 아름다이 녹아들고 어울렸다. 노랑은 파랑, 빨강, 초록, 보라, 검정 등등에 잘 녹아든다. 노랑을 잃지 않으면서 노랑으로 하여 다른 색깔을 곱고 부드럽게 변화시킨다. 인간관계에도 노랑이 배어들었다.

노랑은 대지의 중심인 황토黃土의 색깔이고 저승으로 건너가는 황천黃泉의 색이다. 무엇보다도 내 울안에서는 노랑이 배어나는 갖가지 이파리와 꽃들이 피고 지고 피어난다. 노랑은 새 힘이고 경쾌하고 발랄하니, 나에겐 작은 태양이다.

여자에게 색깔의 최고가치는 보석에 있다고 할까. 20여 가지 보석을 황금으로 세팅하여 즐겨 끼고 살았다. 그 중 엘로 사파이어, 황수정, 엘로 토파즈, 호박 반지는 어떤 옷에나 잘 어울렸다. 작은 태양 같은 황수정반지는 남과 경쾌하게 대화하고 싶게 한다. 아버지의 덧저고리에 달려있던 황금색 호박 단추는 고상하고 품위 있는 장식이었다. 여자가 보석상을 들여다보지 않고 어찌 지나랴. 헌데, 나는 이제 여자가 아니라 노인이 되었다. 노랑 보석도 노랑 치장도 멀어지고 '노랑 그림들'만 내 옆에서 찬란하다.

구스타프 클림트Gustav Klimt의 전시회에 세 번이나 들락거렸다. 전시관 입구엔 입간판 〈키스〉의 여성얼굴 자리에 구멍을 뚫어놓았다. 거의 모든 여성들은 그곳에 자기얼굴을 밀어 넣고 즐거이 사진을 찍는다. 나도 그랬다.

시쳇말로 세상은 좁아지고 살기 좋아졌다. 오스트리아 벨베데레 궁전까지 가지 않아도 되고, 클림트가 죽고 없어도 괜찮다. "시대에는 그 시대의 예술을, 예술에는 자유를!"을 부르짖은 그의 예술사상을 찬란히 발현한 황금색 그림들을, 그가 없는 21세기의 서울에서 기꺼이 관람할 수 있었다.

팜므파탈 〈유디트〉는 섹시하기도 하다. 세례 요한의 목을 쳐서 은쟁반에 받아든 살로메Salome를 떠올렸다. 적장敵將 호로페르네스의 검은 얼굴을 손아귀에 넣고서 섹시한 표정으로 이를 드러낸 채 미소하는 〈유디트Judith〉는 황홀하다. 금속공예업자 아버지에게서 황금색의 핏줄을 아로새긴 것일까. 클림트를 온종일 보고 있어도 질리지 않는다. 보고 또 보아도 또 보고 싶었다.

그래도 빈에 꼭 한 번 가서 보고 싶은 클림트가 있다. 〈베토벤 프리즈〉. 베토벤의 교향곡 No.9 '환희의 송가'를 클림트답게 그린 그림이다. 빈 제체시온 건물의 벽화다. 노랑 색깔이 하늘빛을 반사하며 변화하는 느낌으로 그려진 그 표현에선, 금방이라도 환희의 송가가 울려나오는 듯하다. 나는 그림에서 '환희의 송가'를 들어보고 싶다.

노랑황금색은 해, 달, 별, 땅, 꽃의 빛깔이다.

걸어가는 사람
– 알베르토 자코메티의 조각상

오늘도 걷는다. 어느 하루도 거르지 않고 대문 밖 도시공간 속으로 걸어간다. 자코메티Alberto Giacometti의 〈걸어가는 사람〉처럼 걸어간다. 때론 망가져 무너질 것 같고 죽음에 무릎 꿇고 싶어지는 내가 일어서서 한 발 두 발 걸어간다. 어디에서, 무엇을 만나, 그 영혼을 안을까 모른 채 걸어간다. 인생의 절망과 비통을 건넜기에 더 이상 타인이 세운 '고도'를 기다리지 않는다. 그래도 삶은 계속되어야 하고, 나는 연습하듯이 여전히 왼발 오른발, 왼발 오른발, 걷고 있다.

누구나 고난 슬픔 분노 열정의 굴곡을 겪으며 죽음으로 걸어가고 있다. 한 세계가 겨우 끝나면, 알 수 없고 아지 못하는 다른 세계로 걸어가야 한다. 절망 다음에 일어섬의 길을 내기 위하여 걸어가야 한다. 운명을 개척하고 바꾸기 위해 오늘과 다른 내일을 꿈꾸며 걸어가야 한다. 어제가 끝나고 오늘로 걸어왔듯이 내일로 발을 내딛어 걸어가야 한다. 아주 서서히 죽어가는 과정이 삶인 것이다.

자코메티의 〈걸어가는 사람〉은 '앞발을 바닥에 딛고 뒷발의 뒤꿈치를 들고 있다.' 조각상은 고정된 자리에 고정시켜 세워놓았지만 그는 계속 걷고 있다. 뒷발의 뒤꿈치를 들고 있다. '끊임없이 홀로 걸어야 하는 고독한 몸짓'이다.

자코메티는, 그의 멘토이며 후기인상주의 화가인 아버지의 영향으로 미술에 눈을 떴다. 1901년에 태어나 세계1차대전과 경제대공황, 2차대전을 겪으며 인간에 대해 절망적인 체험을 한다. 무수한 죽음과 불안과 고통을 겪고도 그래도 산 사람은 살아야 한다.

그의 조각의 스승 앙투완 부르델, 시인 앙드레 브르통, 사르트르와 시몬 보봐르와 교류했다. 사뮤엘 베케트와는 그의 불후의 명작 〈고도를 기다리며〉의 무대설치를 하며 자주 동반했다. 초현실주의인 아방가르드예술과 프로이트심리학에 심취하며 자기와 인간과 세계를 사색한다. 아버지가 뇌일혈로 쓰러지자 귀향한 그는 자신을 자각하기 위해 방황했다. 설상가상으로 두 삼촌을 연달아 여읜다. 자코메티는 처음으로 공허 또는 허공과 마주하며 무지무지하게 외로웠다.

"나는 새로운 조각을 작업하고 새로운 시를 쓸 것이다. 종교, 국가, 자본주의정치에 대항하는 새로운 계시를 간절히 원한다. 그것을 나는 조각할 것이다."

2차대전 때 제네바로 귀향한 그는 사상적 예술적으로 홀로서기를 했다. 전쟁으로 인간이 모든 것을 잃은 것이다. 모든 걸 잃은 그 절망의 때에도 산 사람은 모든 걸 포기하는 대신에 계속 걸어야 했다. 새로운 무엇이 다시 시작될 것이고 우리는 계속 걸어가야 한다. 그리고 1945년 종전 후 파리로 돌아간 그는 최고의 걸작 〈걸어가는 사람〉을 완성했다. (현재, 그 작품은 세계에서 가장 비싼 경매가격 1억430만 달러=1,200억 원의 미술품이다.)

그는 이미 비존재인 아버지를 묵상하며 〈보이지 않는 물건〉을 제작하는 동안 자신을 혁신했다. 조각상은 고독하고 이상야릇한, 많은 것을 원하나 아무것도 없는 가슴께를 끌어안은 여성상이다. 그 퀭하게 큰 눈은, '허무'라는 형벌을 응시하는 것 같았다. 덧없어도 허공뿐이어도 살아야 한다, 그러나 걸어가야 한다고 기도하는 것인지도 모른다. 조각 앞에서 눈시울이 뜨거웠다.

그는, 처음에 제작한 통통한 조각에서 계속 덜어내는 작업을 하면서, '없음'을 표현했다. 고통스런 육체를 연상시키는 그의 깡마르고 상처투성이 같은 조각상은 모두 '덜어내는 작업'으로 완성되었다. 그가 자각한 공허는 '없음'인데, 없음은 '있음'을 버리고 지우는 데서 비롯되는 것이잖은가. 그의 철학적 사유의 미술적 표현은 경이로웠다.

나는 자코메티전展에 설치된 어슴푸레한 '체험의 방'에서 〈걸어가는 사람〉 곁에 홀로, 우두커니, 오오래 서 있었다. 그리고 그 조각사람의 둘레를 멈출 수 없는 듯이 한 바퀴 두 바퀴…… 걷고 걸었다. 외로웠다. 아직도 끝나지 않고 계속해서 걸어야 하는 내 인생이 정말이지 외로웠다…… 눈시울이 뜨거워졌다. 나 자신의 절망, 결혼의 실패, 미래의 불안 앞에서 첫걸음을 떼던 때가 밀려왔다…… 그 후로…… 마침내 나는 멀리까지 걸어왔다…….

자코메티는 진짜, 정말로, 참말이지 예술가다. 자기와 인생에 가장 충실한 작가다.

예술의 창작자를 예술가 또는 작가라고 한다. 작가는 연습으로 전범典範을 따라할 수 있다. 그러나 그것을 뛰어넘지 못하면 자기의 것 자기예술이 없다. 남의 작품에서 아이디어를 훔치거나 모방을 하는 사람은 결코 작가일 수 없다. 바로 이게 작가정신이며 예술가로 인정하고 인정받는 잣대다. 예술은 저잣거리의 허드레 물건과 맞먹을 수가 없다.

자코메티의 마지막 작업과 생활상을 담은 영화 〈파이널 포트레이트Final Portrait〉는 손톱밑가시처럼 쿡쿡 내 가슴팍을 쑤시게 했다. 1966년, 그가 생을 마감할 때까지 살았던 몽파르나스의 초라하고 어둑어둑한 작업실을 그대로 재현했다. 그는 다르게 살 돈이 충분했으나 그따위는 관심 없이 죽음 전 18일간, 작가이자 친구인 마지막 모델 '제임스 로드'를 그리고 지우고, 그리고 다시 또 그렸다. 그의 한 마디 한 마디 말은 절절했다.

"어릴 땐 뭐든 될 줄 알았는데, 어른이 되니깐 뭐든 안 되는 것뿐이란 걸 알았다!" 나는 백번 공감했다. 그 어느 순간의 어른일 때부터 인간을 믿지 않듯이, 인간이 창의 창작한 신을 믿지 않았다. 연극 〈고도를 기다리며〉의 무대설치를 할 때 "아무 할 일이 없으므로 고도를 기다리는 거지."라고 했다. 자코메티와 사무엘 베케트는 진정으로 사유하는 예술가였다.

자코메티는 동생 디에고와 아내 아네트 자코메티가 어쩌다 얼씬거리는 어수선한 작업실에서 마지막 그림과 조각상을 오며가며 작업했다. 그의 마지막 초상화는 결코 완성작이 아니다. 매일 붓질하여 그리고 지우기를 반복, 번복하는 그를 바라보는 일은 슬프고 먹먹했다. 어떤 화가도 절대로 보이는 대로 그리지 못한다. 시시각각 인간의 표정은 변하니까. 이건가 하면 아니고, 저건가 하면 또 아닌 것이다. 거의 80년간 갖가지 미술을 실험한 망백의 하반영 화백은 "초상화는 마지막까지 손을 대지만, 결국엔 포기하는 거지!"라고 했다. 하 화백께서 그린 '유인촌 장관'의 초상화를 보고 "딱 유인촌 씨네요." 하는 손녀에게 그러셨다. 백번 공감했다. 나아가 예술에 완성작은 없다는 생각을 했다.

그렇다. 어떤 글로, 보이는 대로 아는 대로 써낼 수 있을꼬. 문자는 완벽하지만 문학작품은 늘 어설프고 탐탁하지 않다. 수없이 쓰고 짓지만 거의가 미완성작품이라 할까……. 글엔 기교만 있지 진실이 담기지 않는다……. 그 시간 그 모습을 정직하게 쓰고 싶지만 비틀어지고 만다. 인간의 초상을 결코 완성할 수 없을 것이다……. 그 비애를 자코메티에게서 보았다.

"그림은 아는 대로가 아닌, 보이는 대로 표현해야 하는 것." 이란다. 보이는 사물이 매순간 변해 보이고, 사실 변하는데 어찌 하랴. 수없이 지우고 다시 그리고, 지우고 다시 그리는 과정을 걸어가고 있을 뿐이다. 인생의 나날처럼. 나날은 어제 같으면서도 오늘과 다르고 내일은 또 다를 것이기 때문이다.

그는 말했다. 초상화를 그리는 데 배경을 먼저 그리면 초상화를 망치게 된다고. 끄덕끄덕! 한 인간을 아는 데에 그 배경부터 물으면 그 사람을 결코 제대로 알 수 없는 법이다. 그 사람의 옷과 핸드백을 알았다고 그를 아는 게 결코 아니다.

자코메티는 초상화를 그리다가 외출하여 사람을 만나고,

먹고, 마시고, 산책하고…… 작업실로 돌아와 작업중인 조각상의 살점 한두 점을 덜어내곤 했다. 그의 엄지와 검지로 수없는 굴곡을 짓는다. 수없이 덜어낸 인생의 시간들과 생각의 파편과 덧없는 것들을 조금씩 버리듯이……. 그의 조각은 한 예술작품으로 태어나기 전에, 끊임없이, 조금씩, 늙어가고 덜어내고 굴곡의 그림자를 지었다……. 그런 그의 작업실과는 전혀 어울리지 않는 파아란 하늘이 깨끗하고 고요한 날에 그는 죽었다. 그가 그리는 초상의 배경 같은 날씨에……. 인생은 단번에 그리고 제작하는 풍경화나 초상화가 아니고 작품은 더더욱 아니다…….

그의 아내 아네트 자코메티는 자코메티의 저작권자다. 그는 자코메티의 위조작僞造作 50개를 찾아냈다. 혼이 없는 모방작은 예술작품이 결코 아니다. 그는 자코메티박물관을 마련하여 그의 모든 것을 기증했다.

아아, 몽파르나스에 가고 싶다.

동그라미와 증식의 마술사
– 쿠사마 야요이의 미술

빛과 색의 미술세계의 표현법은 광범하다 못해 무궁무진하다. 쿠사마 야요이KUSAMA YAYOI의 미술품 앞에선 주눅이 들 지경이다. 야요이와 똑같은 환영을 수없이 보았으면서도 그걸 끼적끼적 도화지에 색연필로 낙서처럼 그려는 보았지만, 글로는 그 감感을 도저히 써낼 수가 없었다. 이 세상은 색의 세상. 문자세계보다 눈으로 보는 미술세계가 공감하기에도 훨씬 쉽다!

대충 수필 한 편의 자수字數가 3000자 내외. 그 자수로 어떻게 정신이 감지한 환상을, 영혼의 눈으로 본 어둠-천국과 지옥의 형형색색을 표현하겠는가. 이건 똑같이 체험하고 이해한 사람 이외엔 절대로 느낄 수조차 없는 세계인 것을.

머리가 아플 때 빛 속에서 눈을 감아 보라. 수없이 변화하는 갖가지 빛의 원형이 떠다닌다. 밤에 어지러운 잠자리에 들 때 막 눈을 감으면 야요이의 그림 속 같은 인물과 사물의 영상이 꿈틀꿈틀 변화하며 지나간다. 어디서 만나고 인지했을까, 그 환상 같은 화면을! 아무튼 3000개의 동그라미를 크고 작게 화면 가득 그려 보시라. 색색으로, 제멋대로 그려 보시라. 환상적인 표현이 된다. 막무가내로 해도 막무가내 미술세계가 나타난다. 나는 눈을 감고서 가끔 이렇게 영靈의 세계를 본다. 이때마다 예술적인 글짓기가 그림그리기보다 훨씬 어렵다는 걸 절감하곤 한다.

쿠사마 야요이를 생각하면 마구 끼적이고 싶은데, 막상 글로 쓰려니 막막해진다.

그는 회화, 설치미술, 퍼포먼스, 조각, 패션디자인, 영화를 통해 특별한 예술미감을 표현할 뿐만 아니라, 하고 싶은 다른 말을 시와 소설로 발표하고 있는 고령의 예술가다. 48세부터 85세 지금까지, 정신병원을 가정 삼고 화실 삼아 작품제작을 끊임없이 하고 있다. 그는 지쳐하지 않고 숨을 쉬듯이 미술세계의 숨을 쉬고 있다.

수없이 반복되는 원圓과 구球로 화면을 채우고 전광의 섬멸과 복사를 이용하는 야요이의 미술은 그녀의 강박증과 편집증이 열어주었다. 어릴 때 수없이 부모의 구타를 당하면서 어질머리를 앓으며 환영으로 만난 물방울이 그의 의식의 안전에서 둥둥 떠다녔다. 아파서 울던 그의 눈썹 끝에 매달리곤 하던 눈물방울에서, 그 오색빛 동그라미와 물방울은 탄생되었을 것이다! 그 어린 것의 아픔이 아프다! 그 동기를 붙잡고 자기를 스스로 치유하며 버티어 온 그녀의 일생이 아프다!

그러나 그는 위대하다. 아픔을 극복해 온 그의 일생과 미술세계가 위대하다.

그는 고통이나 괴로움에 매달린 것이 아니라 그가 표현할 수 있는 생각과 작품에만 집중했다. 자기를 비정상 혹은 정신질환자라고 생각하지 않고 다만 자기 방식으로 자기를 마음껏 발산했다. 공황장애를 극복하기 위해 그리고 그린다. 그러는 동안 그는 광대무변한 우주를 체험하고 자기가 아는 것은 아무것도 없다는 것을 깨닫는다. 다만 그가 잘 아는 물방울을 무심하게 그리고 또 그렸을 뿐이다. 그이 말대로 "나의 물방울은 사랑과 생명에 대한 소중함을 표현한 것!"이고 오직 물방울 세계의 확장은 우주의 공기와 내통하는 그의 방식이다.

이렇게 예술은 그에게 명의名醫가 되고, 그는 물방울에 일심으로 전념하여 독창성의 여왕이 되었다. 오직 자신만을 바라보고 혼신을 다해 자신을 표현한 예술가! 야요이처럼 '나의 문학은 오직 생명과 사랑에 대해 진실을 쓰고 쓴 것이다.'고 당당히 말할 만하게 문자를 활용할 수 있다면 얼마나 좋을까.

〈무한 거울방-영혼의 광채Infinity Mirrored Room-Gleaming Lights of the Souls〉 같은 작품은 무한 반복으로 순간순간 생성되고 소멸한다. 지구에 인류출현 이후의 인간증식과 소멸의 과정, 그 현재진행을 느끼게 한다. 나는 생각했다. 인생이란 수억만 번 순간의 눈 깜박임 같은 것. 깜박거리는 전광작품에 홀로 눈을 대고 섰다. 순간을 기억할 수 없는 변화에 변화가 이어져 '인생이라는 방대한 화면'을 이루는 거구나! 내 인생엔 도대체 얼마나 기억할 수 없고 셀 수 없는 영롱한 빛의 생성과 섬멸이 존재할까! 나는 야요이의 작품 앞에서 모든 인간에 대해 경외감을 느꼈다.

날마다 이러저러하게 살아가게 하는 힘은 무엇일까? 아침이면 잠깨어 일어나고 밤이면 잠에 들게 하는 까닭은 무엇일까? 내가 아무 일을 하지 않아도 세상은 저대로 굴러가는데. 나는 무엇 때문에 읽고 생각하고 쓰는가? 나는 인생의 얼마큼이나 글로 쓸 수 있는가? 미치도록 그림을 그리고 싶다. 그림을 그리고 싶다.

거울의 방. 각도를 달리한 여러 개 거울이 반사와 복사를 확장하며 이뤄낸 실험미술의 방을 보았다. 일찍이 건축업자인 남편이 거울의 반사를 이용한 실내장식을 시도한 적이 있다. 나이트카페의 벽에 각을 세워 포갬포갬 거울을 붙였다. 둘러앉은 몇 사람의 모습이 반사와 복사를 계속하며 요지경을 이뤘다. 그때 나는 전생 또는 내생 어디에 떠돌 것 같은 나의 파편-분신을 보았다. 난 춤을 추고 술을 마셨다. 쪽거울 속의 수많은 분실들은 기괴하고 신비스러웠다. 1980년대 초였다. 그 후 나이트클럽과 노래방의 미러볼만 보아도 야요이를 떠올렸다.

어느 날, 지점토로 만든 대형거울이 뚝 떨어져 박살이 났다. 각진 파편들이 온 방에 널리고 그걸 내려다보는 나의 눈이, 손이, 발가락이, 코가 산산조각만큼 제멋대로 반사되어 흩어져 있었다. 내 얼굴의 조각들. 내 몸의 조각들. 지금도 어둠속에서 눈을 감으면 나타나는 얼굴의 파편들을 나는 물끄러미 바라본다. 보통사람은 두렵고 기괴하게 생각하는 경험을, 야요이는 그의 특별한 혼으로 미술에 차용할 줄을 안 셈이다.

정신은 육체변화보다 무진장 변화한다. 육체도 갓 태어난 나에서 현재의 육체가 되기까지 무진장 소멸과 생성을 거듭해오지 않았는가! 쿠사마 야요이는 무한한 생성과 소멸, 그 반복을 깨닫고 이야기하는 예술가다. 그의 작품 앞에 서면 군중 속의 한 동그라미이다 사라지는-한순간의 환영에 지나지 않는 이슬물방울 한 점인 걸 절감한다. 한없이 겸손해지다 못해 나는 사라진다. 한 방울 이슬물방울처럼 사라져야 하는 나를 깨닫는다.

〈소멸의 방Obliteration Room〉. 관람자가 동참하여 희디흰 생활공간의 최초작품을 소멸시키며 한 점씩 다른 모습으로 변화 생성해가는 작품이다. 전시회가 계속되는 동안, 나는 세 번 상경하여 '예술의 전당', 쿠사마 야요이 전시회장에 싱싱싱 갔다. 처음엔 거의 흰색이던 실내가 빨강 주황 노랑 초록 파랑의 크고 작은 동그라미 스티커로 덮여 갔다. 갈수록 흰 여백은 줄어가고 오색영롱한 색의 동그라미가 둥둥 떠다니는 것 같은 실내가 되어갔다. 모든 벽, 테이블과 의자, 소파, 컵, 전등, 학용품, 장난감…… 흰색은 점점 지워져 갔다. 변하지 않은 건 없다. 소멸, 생성, 소멸, 생성, 소멸, 생성…… 시간에 따라 최초의 흰색 실내는 끊임없이 변해갔다. 그렇다. 순백의 영혼으로 창조된 내가 세상 사람들과 스치고 만나면서 온갖 색을 입고 변질되고 변화되었다. 나는 영영 순백으로 돌아갈 수 없다. 지금의 나는 세상 사람에 물든 나다! 이 모습이 현재의 나다. 내일은 또 다른 내가 될 것이다. 다시는 '지금의 나'를 슬퍼하지 않아야겠다.

쿠사마 야요이의 공황장애나 강박증은 30대의 내가 무섭게 겪었던 동질의 병증이었다. 나는 오직 하해 같은 부모의 사랑과 독서라는 혼자만의 생활이 극복의 명약이었다. 그리고 나는 조심스럽게 쓰기 시작하고 썼다. 눈물이 주르르 흘렀다.

세 번째의 관람이다. 〈소멸의 방〉은 그동안 들락거린 관람자들의 손으로 방금 전의 상태를 버리고 새 작품으로 거듭나고 거듭난다. 쿠사마 야요이는 나를 즐겁게, 뼈저리게 놀리고 있다.

쿠사마 야요이KUSAMA YAYOI

1929년 일본 나가노 마츠모토에서 출생. 1957년 미국 뉴욕에 정착. 1973년 일본에 귀국.

1993년 베니스 비엔날레 일본작가로 선정, 국제적 명성 획득.

뉴욕현대미술관, 마드리드 레이나소피아국립미술관, 파리 퐁피두센터, 런던 테이트모던, 미국 휘트니미술관 순회전 등등 개최.

2012년 루이비통Louis Vuitton과 쿠사마 야요이 컬렉션 공동제작, 판매 시작.

회화, 설치미술, 퍼포먼스, 해프닝, 조각, 패션 디자인, 영화에서 활약중.

소설가, 시인, 극작가.

다카쿠라 이사오(高倉功)=야요이의 양자-스튜디오 디렉터

아름다이 사는 법

– 미술품 콜렉터 하정웅의 메세나

수집벽은 일종의 소유욕이다. 누구에게나 수집벽은 있으며, 수집하는 종류나 물량은 천차만별이다. 의도하건 의도하지 않건 사람은 어느 면에서 모두 수집가다.

예컨대 일평생 단벌옷으로 사는 사람은 없다. 책 몇 권, 밥그릇 몇 개, 생활도구 몇 가지라도 모아놓고 살기 마련이다. 거지소굴에 들어가 본 적이 여러 번 있는데, 빈자의 대표자인 거지네 처소에도 가진 것이 여러 가지였다. 하하하, 소유는 인생사의 필수다.

초등학생 시절 머리핀을 책상서랍 속에 짱짜란히 모았다.

머리에 꽂기보다 혼자서 고 예쁜 요지가지 꽃핀을 바라보는 즐거움이 쏠쏠했다. 중학생 적부터 수집한 것은 인쇄물 그림이었다. 그 수백 장 인쇄화는, 20여 년 후에 딸아이의 중학교 미술숙제로 스크랩하여 주었고, 지금도 딸애의 추억상자 속에 보관되어 있다. 55년 전의 인쇄물이지만, 당시 그것은 미술세계에 대한 넓고 다양한 통로였다.

고교생시절부터 책은 필수품처럼 쌓여갔다. 오라버니가 성남고등학교에 입학하고 큰언니가 숙명여자대학교 학생이 되자, 주로 서울에서 발간되는 책은 선물의 필수품이 되었다. 큰언니는 다달이 한 권씩 출간되는 '세계전후문학전집'과 '일본단편문학전집'을 선물해줬다. 중앙청 본청에 근무하시던 아버지는 '흑인문학전집' '셰익스피어전집'과 '한국문학전집' '세계문학전집'을 턱 안겨주셨다. 대여책방에서 일주일에 두세 권씩 소설을 빌려다 읽고, 맘에 차오는 시詩 1000편을 필사하여 열 권의 책으로 엮어 외고 다녔다. 그때부터 책을 나의 것으로 소장하고 싶은 책욕심이 생겼다.

대학시절엔 시쳇말로 꼴통이었다. 동료들과 말이 통하지 않아도 책과 소통하는 즐거움에 푹 빠졌다. 청계천의 헌책방 거리를 훑으며 오래된 번역서를 사서 읽어댔다. 우리 것하곤 생각하는 방법과 표현, 읽는 맛이 상당히 달랐다. 큰언니, 오빠, 부모님이 주시는 용돈의 대부분을 책을 사서 모으는 재미에 썼다.

화장품보다, 옷보다, 연애보다 좋아해서 사 모은 책들을 몇 차례나 폐기처분했다. 한옥에서 살 때, 외벽에 잇대어 만든 책장에서 고서처럼 묵어 지낸 책들이 습기에 곰팡이 피고 종이떡이 되어버렸다. 성장기록과 같은 책들을 가마니에 처담아, 소녀시절 청춘시절을 버리듯이 울면서 버렸다. 딸애의 초등학교시절의 책 2000여 권은 30여 년 전에 시골학교로 기증했다. 전북문인협회의 사무실을 마련한 후 첫 책장을 채우기 위해 수백 권의 책을 내다 꽂았다. 다른 예술분과의 사무실과는 달리 명색 문인협회니까 도서가 즐비해야 하지 않겠는가.

1990년대부터 언론통제가 풀리자 우후죽순처럼 생겨난 문학잡지들이 수없이 날아들었다. 문학을 존중하는 시인으로서 책을 아무리 좋아해도, 형편없는 글이 즐비하게 실린 문학잡지들을 자존심이 상해서 책장에 꽂아두고 싶지 않았다. 유행처럼 책꽂이를 설치한 조용한 커피숍이나 카페에 날라다 주기도 했건만, 그나마 이젠 책을 받으려는 가게조차 없다. 도서관에서조차 기증도서를 받지 않으며 발행일이 몇 년쯤 지난 책들은 수용할 공간이 부족하여 어쩔 수 없이 폐기하고 있는 지경이다. 나도 쏟아져오는 잡지들을 거의 파지로 내버리고 있다. 누가 책에 대한 외경심을 앗아갔는가? 우리의 문학잡지가 어찌하여 너절하고 처리 곤란한 물건이 되었는가?

〈현대문학〉과 〈시문학〉을 구독하며 의기양양하게 팔에 안고 다니던 시절이 그립다.

이십대 한때, 서울의 남대문시장 소위 도깨비시장을 들락거리며 취미삼아 모았던 갖가지 양주병이나 특이한 담뱃갑들은 진즉에 버렸다. 어떤 악곡이라도 귀명창처럼 분별할 양으로 들어대던 400여 장 LP판과 에디 피셔 금장 전축과 스피커, 그리고 독일제 쉼멜 피아노를 아낌없이 딸의 친구 젊은이들에게 선물했다. 수십 년 걸려 애장하던 30여 가지 보석들은 몽땅 도둑맞았으니 나와의 인연과 미련이 저절로 끝났다. 그 모두 잠시잠깐의 즐거움에 지나지 않았다.

그런데 애지중지하지 않아도 절대 버릴 수 없고 버려서도 안 되는 것들을 제법 소유하고 있다. 그것들은 한결같이 예술품이다. 여러 예술가의 그림과 서예작품을 제법 소유하고 있고, 가장 소중한 어머니 정휴당貞休堂의 서예작품들과 시어른 하반영河畔影 화백의 진품 미술품을 상당히 소장하고 있다. 모친 정휴당 서예가는 1958년에 최초로 서예초대전을 하신 분이다. 하반영 화백은 화력畵歷이 가장 긴 현존하는 분(내가 이 글을 쓴 후 2015년 1월 29일 귀천하심)으로, 그의 예술성은 동양에서나 서양에서나 인정받을 정도로 다양하고 출중하며, 또한 전북 예술사의 생생한 증인이었다. 이러하니 내가 남의 것에 부러울 리가 있겠는가. 이 예술품들과 애장한 묵은 책들이, 내가 죽고 딸이 죽고 그 오랜 후에까지 보존될 수 있도록 하는 일이 내 죽기 전의 과제로 남았다.

김환기미술관, 이중섭미술관, 장욱진미술관…… 강암서예관, 운보미술관, 운림산방과 소전미술관에……, 미술품을 전시하는 곳이면 원근을 마다 않고 들락거렸다. 2014년 9월 어린 가을날에, 하정웅-세계적인 미술품컬렉터-씨가 전북도립미술관에 기증한 200여 점 미술품을 보고 또 보았다. 감사하고 부러워하면서.

하정웅 씨는 일본에서 30대에 부를 이룬 후 디아스포라 운명에 처한 재일교포작가의 메세나사업으로 미술작품을 구매하기 시작했다. 광주비엔날레가 처음 시작되던 해 1993년, 오지호 선생님의 자제 오승윤 화백을 만난 인연으로, 텅텅 빈 광주미술관에 하정웅컬렉션전시실을 마련하자 212점의 미술품을 기증했다. 그 첫 광주비엔날레 때, 그가 기증한 이우환의 그림을 처음으로 관람하면서 나는 그와 이우환의 존함을 기억했다. 그는 8군데의 도립미술관과 시립미술관에 아낌없이 기증을 했다. 그야말로 그는 진실로 뼈대 있는 한국인정신의 소유자다. 아직도 아키타로 강제징용된 조선인노동자들의 무덤에 명절마다 성묘를 다닌다는 분이다.

그가 작품을 구매할 때의 기준은 철저했다. 역사성을 반영하였는가, 현실과 사회를 직시하였는가, 비판하고 경고하는 세계관을 가졌는가를 가려보고 작품을 구입했단다. 무엇보다도 이 세계에는 10억 명이나 되는 디아스포라 운명을 가진 자들이 방황하고 있으며 우리민족도 약 700만 명의 디아스포라가 떠돌고 있다고 한다. 그러므로 그는 기도한다. 타인을 존중하고 돕고 나누는 정신을 바탕으로 하여 행복과 평화를 만들어내는 사회를 소망한다고. 곧 추양推讓정신을 인생철학으로 행동한다.

전북도립미술관에 기증한 하정웅콜렉션 미술품을 세 번 찾아가 관람하면서, 나는 나의 고독을 이해받고 나누는 느낌이었다. 이 땅의 고정관념의 세계에서 떠나 시련고난 속에 방황했던 나의 영혼을 깨끗이 씻어주는, 디아스포라 운명의 미술가들과 소통하며 함께 해원解冤하는 시간이었다.

하정웅 씨의 추양정신은 인류애다. 나만이 아니라 '우리가 행복'해야 하고, 우리만이 아니라 '세계인이 평화로워야 함'을 추구하며 사는 정신이다. 크나 작으나 그런 정신으로 사는 사람을 사랑하고 존경한다.

나는 작은 사람이므로 작은 내 몫의 예술품이라도 나눠야 한다. 예술이란 우리가 세계를 향해 인간과 인생을 얘기하는 가장 아름다운 방법이기 때문이다.

부석사의 모종暮鐘소리

유네스코=UNESCO가 세계문화유산을 선정한다. 문화유산이란 인류가 대대로 보존해야 할 정신의 실물유산이다. 세계적으로 가장 방대하고 훌륭한 단일 역사기록서로 한국의 '조선왕조실록'이 세계문화유산으로 등재되었다. 바로 전주 경기전사고史庫에 보관되어 있던 실록이다.

2018년 6월, 유네스코는 대한민국의 7개 사찰의 그 탁월한 가치를 인정했다. 산사山寺를 공용어 'Sansa'로 써서, 우리말 산사를 고유명사로 지정했다. 양산 통도사, 영주 부석사, 안동 봉정사, 해남 대흥사, 순천 선암사, 보은 법주사, 공주 마곡사는 이제 '우리만의 것'이 아니라 세계인의 유산이 되었다.

사찰=절은 동남아시아의 종교건물이었다. 중국에서는 문화대혁명 때 거의 사라졌다. 옛 사진으로 보면서 그 독특한 아름다움에 감탄하기도 했다. 일본의 몇 군데 절에 가보니, 공무원처럼 출퇴근하는 승려가 관리하는 그냥 처마 깊은 관리건물일 뿐이었다. 스리랑카, 말레시아, 태국, 캄보디아, 베트남에 있는 절은 탁발수행을 하는 무소유지향의 스님의 거처여서인지 마을주변에 그냥 조금 넓은 마루를 지닌 빈집 같았다. 그곳의 절간마루에 앉아서 나는, 나 자신과 나의 상황을 냉철히 들여다보며, 그곳 아녀자들의 삶을 위해 더 간절한 기도와 헌금을 냈다. 남을 보며 나를 깨닫고, 남의 나라를 보며 내 나라를 다르게 인식한 것이다.

반면에 한국에선, 사찰은 절집사람 곧 스님이 늘상 수행을 하는 장소다. 게다가 유명하고 거창한 사찰은 천년고찰이 대부분이며, 정신적 스승인 선사禪師들이 수행하고 수도한 족적이 깊다. 그러한 사찰은 불교신자들의 기도고향 같은 곳인가 하면 일반인들의 역사유적탐방지로도 각광받는 곳이다.

대한민국 방방곡곡에 전통사찰이 1,000여 곳이라는데, 나는 겨우 200여 곳의 대찰大刹과 산사나 암자庵子에 발을 딛고 합장삼배를 올렸다. 그저 혹은 겨우 내 안에 신성 내지 불성이 있는가? 질의質疑하며 헤매었던 것이다. 대답은 언제나 내 안에 있었다! 더 큰 무엇엔가 감동을 얻고 싶어서 방황했을 때였다.

어렸을 적과 청춘시절엔 부모의 덕과 호기심으로 우리나라 절을 관광지나 여행지로 삼고 쏘다녔다. 인생에 철이 들 나이 불혹 즈음 무렵부터 '나는 누구인가?' '인간은 어떻게, 무엇을 행하며 살아야 하는가?' '나의 신성은 무엇인가?'를 절실하게 질문하면서, 사찰 그곳의 기운과 부처다운 사람친구를 만나기 위해서 방문했을 것이다. 사찰의 장소와 크기와 고색창연이 천차만별이듯 절집의 주인인 승려도 각양각색이었다.

봄여름가을겨울 없이 때를 얻고 동행이 생기면 원근, 이유를 달지 않고, 각자의 종교에 상관없이 절에 들락거렸다. 어느 땐 절 문턱에 한나절을 앉아서 오가는 인적과 '절이 말하는' 각양의 소리를 경청하곤 했다. 훗날에 간절히 보고 싶은 스님이 생기기도 하고, '너나 내나 그저 그런 보통사람인 걸 뭐' 하기도 했다.

우리나라 절집은 대개 자연의 품에 포옥 안겨 있어서 그 한 귀퉁이에 서성이는 나 또한 한 떨기 잡초임을 느끼게 했다. 절집마다 벌어지는 나무잔치 꽃잔치를 바라보고 있으면, 내가 애써 공부한 것들은 산숲의 어디에 서있는 것인지조차 알 수 없는 나무 한 그루만한 것에 불과함을 자각했다. 구례 화엄사 미륵전 곁에 홍매가 필 무렵이면 해가 뉘엿거릴 즈음에 달려가곤 했다. 모종暮鐘시간에 저만치 나앉아 모종소리를 들으려는 것이다. 앞산을 에두른 어둑한 뒷산 너머 하늘이 온통 발그레해지면 대지의 가슴을 비이잉잉 어루만지는 범종소리 모종소리는 내 온몸을 건드리며 피돌기 하듯 돌았다. 땅이 우는 소리, 지구가 살아있기 위해 둥글게 둥글게 돌고 도는 원음圓音을 몸으로 기억하는 것이다.

어느 산사의 산문에 들 때마다, 일주문을 혼자서 지나고 싶다. 부처상 앞에서가 아니라 일주문 앞에서 나는 제일 고독하다. 여럿이 갈 때에도 살짝 딴전을 부리며 일부러 외로운 행자가 된다. 천천히 절의 양기 음기를 느껴며 서늘하거나 훈기에 젖어 눈시울이 뜨겁다. 아무에게도 들키고 싶지 않다. 오롯이 혼자 그 시간을 통과한다.

경내에 들면 사람들 소리에 귀머거리가 되어도, 오직 산사를 에도는 바람소리와 무표정한 불상들과 탑들과 순간적 교감을 느끼고자 한다. 인연도 찰나에서 오가고 깨달음도 찰나에서 오고가기 때문이다.

영주 부석사는, 입구에 사열하고 있는 은행나무의 잎들이 저녁놀에 황금빛으로 찬란히 불타던 시간에 처음 밟았다. 이미 어슴푸레한 저녁이내 속에서 바라본 무량수전은 새벽어스름에 엎드려 기도하는 우리 어머니의 모습 같았다. 어머니의 팔에 안겨 굽이굽이 펄럭이던 날개를 겸손히 낮추고 드러눕는 소백산맥을 바라보던 그 저녁은 선禪의 순간이었다. 저리 아름다운 만고강산萬古江山도 지는 어둠=무명無明 앞에선 속절없이 얌전히 숨어버리는구나. 우리, 아무것도 아니구나! 시인인 나는 나의 무명을 깨닫는 순간, 그냥 천지창조에 감사하는 아멘=Amen과 공염불을 조용히 중얼거렸다. 이러하므로 우리나라의 사찰은 그저 절집이 아니라 명산名山에 안긴 '산사山寺'라고 불러야 그 뜻이 깊어진다. 우주자연과 한통속인 마음의 집인 것이다.

'영주 부석사 무량수전 국보 18호'. 초등학교시절에 어디에 있는지도 모르고 교과서에 적힌 대로 외었을 뿐. 이제야 열 번 쯤 갔지만 그 감동은 여전하다. 또 절간에 부처상이 있고 없고는 나에게 큰 의미가 안 된다. 그곳에서 숱한 인걸이 부처가 되어보고자 몸과 마음 다해 수행정진 하였을 터. 그 영험한 기운을 받자고 하는 마음이 들면 받아지는 것이다.

어느 한 날 해가 지지 않는 날이 어디 있으랴. 해 질 녘이면 자주 전주천변이나 전주팔경의 제일봉인 기린봉 자락에서 소요산책을 한다. 청연루나 한벽루에 맨발로 올라 놀지는 서녘하늘을 바라본다. 남고사의 모종소리가 이내를 흔들며 조용히 흘러온다. 간간이 기린봉 숲의 꼬막만 한 절의 가벼운 저녁종소리가 나를 건드린다. 부석사의 범종소리가 먼 시간 먼 곳으로부터 건너온다. 나는 아직도, 부석사 무량수전의 지붕

위를 나는 이카루스가 되곤 한다.

해넘이 때마다 나는 죽었다가 다시 산다. 하루살이를 반추 반성하고, 무심천자無心天資가 되고자 꿈꾸는 것이다.

2부

우주의 나이테, 지구의 나이테, 나의 나이테

우주의 나이테는 138억년, 지구의 나이테는 46억년, 인류의 나이테는 대충 500만년, 나의 나이테는 67년이다. 하하하하하.

나는 자주 달을 쳐다보며 행복해한다. 슬프면 촉촉하게, 행복하면 흐뭇하게, 그리우면 아련히 바라본다. 달과 함께 걷기를 좋아한다. 갖가지 모양새의 달과 월색, 월광, 달의 향기를 어느 것 한 가진들 좋아하지 않을 수 없다.

딸애가 어릴 적에 친구처럼 도란거리며 자주 달과 함께 걸었다. 일곱 살 때 성탄절 즈음, 달빛이 차디차고 하얀 밤길을 딸과 동동동 걸으며 딸애가 동시를 지었다.

달

달은 내가 좋은가 봐

내가 폴딱 뛰면
달도 따라서 폴딱 뛰고
내가 걸어가면
달도 나만 따라서 걸어간다.

그때도 우주는 지구 위의 우리 모녀와 함께 운항하고 있었다. 자주 가슴을 젖히고 심호흡을 길게 하여 달빛을 마시기도 했다. 월광에 딸애의 얼굴은 빛났다.

지명知命에 내 인생의 수레바퀴를 나추拿推하며 짧게 복기했다. 인생엔 여러 고비가 있었고 그때마다 인생길의 방향이 꺾이며, 이런 일 저런 일로 여러 갈래의 길을 가 보고 여러 종류의 사람과 만나고 헤어졌다. 내 삶이 지독한 고난인 줄 알았는데 그저 그만그만하게 평범하고 평탄했다. 삶에는 어떤 흐름이 있는데 나는 시냇물 정도의 삶을 걸어온 것이다.

우주는 빅뱅으로 처음 생겨났고, 당시 우주엔 수소와 헬륨뿐이었다. 원소알갱이들이 서로 부딪치고 모이고 뭉치며 무진장하게 시간이 흘러서야 비로소 별과 행성이 생성되었단다. 자그마치 138억 년 전부터 우주창생이 개시된 것이다.

그런데 그 별의 구성성분과 인간인 내 몸의 구성성분이 동일하다면 어떤 생각이 들까? 그런데 천문학자의 연구에 의하면 '바로 그렇다'는 것이다!

중학생 때, 어른들의 고담활론 속에서 얻어들었다. "인간은 각기 소우주다."고. 내가 저 별이나 달하고 같다고? 우주란 밤하늘에 총총총 미리내가 흐르는, 그 끝이 어디인 줄 모르는 공간인 줄 알았는데 그 축소판이 나라니! 내가 우주를 축소한 존재라고? 내 안에 불덩이 태양과 얼마나 많은 별이 잠재해 있을까? 정말 커다란 질문이고 대답을 알 수 없었다. 아버지는 "사람이 곧 우주와 같은 창조자다."고 하셨다. 그러니 인생을 창조하는 즐거움을 즐길 줄 알아야 한다며 참으로 많은 즐거움으로 안내해주셨다.

시인묵객들의 담소, 음악회와 연극공연, 각종 운동경기, 영화로 데려가주고 종교와 독서의 즐거움-지知의 즐거움으로 안내했다. 노년에 원불교를 심도 있게 공부해 보라고도 권하셨다. 인생은 즐거이 살 가치와 까닭이 있다는 것이다. 그러하게 쉰 살이 되어서야 천명天命-우주천체가 내려준 숙명의 가치를 깨달은 셈이랄까.

한 깨달음은 많은 변화를 끌고 왔다. 인생의 고난이란 게 별 거 아니란 걸 알았다. 별똥별이 밤마다 떨어진다고 해서 우주가 망가지는 게 아니다. 삶의 원소인, 흔한 고통고난과 연고된 사람들은 우주의 원소알갱이들이 모이고 흩어지는 것과 같은 과정에 지나지 않는다. 사람들이 주는 괴로움 슬픔 아픔 따위가 가벼워지기 시작했다. 우주의 나이테를 감고 그 기운으로 태어난 독존재인데, 한순간의 티끌밖에 되지 않는 할큄과 비난과 핍박이 무엇이겠는가. 어리석어 자신의 나이테에도 눈 뜨지 못해 저지르는 일인데. 어디서 어떻게 산화되는지도 모르는 별똥별의 티끌에 지나지 않는 일인데.

지구의 나이가 46억년에 인류생성의 나이가 대충 500만년쯤이란다. 그 무량해 보이는 시간의 흐름 뒤에 자연의 창발성으로 창조된 존재가 바로 나다. 허걱! 인간이 이런 존재임을 자각하고 산다면 어떤 인간에게도 함부로 막되게 대해선 안 된다. 이것이 인간의 존엄성이다.

아직도 지구의 핵 속 - 3.800℃의 마그마 속에는 박테리아가 생존하고 있다고 한다. 그 생명력은 참으로 위대하지 않은가. 이런 우주의 혼돈과 충돌, 생성과 소멸의 도도한 흐름 속에, 지금, 내가, 존재하는 것이다.

나는 누구에게 이끌리거나 덤으로가 아니라 나의 의지로 인생길을 걸어왔다. 의지는 인간을 희망으로 걸어가게 하는 도구다. 이 자리에서 아버지의 충고를 되씹는다. 인생을 즐겨라!

나는 밥 짓는 걸 즐긴다. 빨래하는 일도 즐겁다. 식물을 가

꾸고 꽃 피는 것을 즐긴다. 사람과 잘 노는 걸 즐긴다. 희망으로 선택한 글쓰기를 즐긴다. 언젠가는 나의 인생을 꾸려온 힘이 되는 생각들을 말하기를 희망했다. 이제 그럴 만한 나이가 되어 즐겁다. 속물적인 탐진치에 시간을 낭비하지 않고 살 수 있어서 즐겁다.

나의 나이테 67년 속에는 우주의 138억년의 나이테가 숨어 있다. 46억 살 지구의 나이와 수수만년 조상의 유전자를 품은 아버지와 어머니가 깃들어 있다. 소소하게 유인원도 박테리아도 내 속에 공존한다. 석가모니랑 소크라테스가, 니체와 진묵대사가, 존 스타인백과 넬슨 만델라가 잠겨 있다. 역사와 국가가 뿌린 분노와 슬픔도 박혀 있다.

그 바탕 위에서 나는 삶을 즐기고 있다.

씻김굿에 나는 우네

그 하나.

조선朝鮮 말, 어머니의 친정은 진사댁으로 금만경=김제만경 너른 벌판의 양반부농이었다. 능제방죽에 연꽃이 필 때면 전라도의 진사進士어른들이 내방하여 시회詩會를 열기도 했다. 그런 남평 문文씨 외가外家엔 당골네가 드나들었다. 그 인연으로 어머니가 장년에 이르도록 우리 집에 그 당골할머니가 오셔서 밥을 먹고 가곤 했다. 우리집은 기독교가정이었다.

막 여고생이 되고, 어느 해 질 녘. 낮잠을 자던 머리맡에서 차디찬 내 손발을 만지며 당골할머니가 소곤거리는 말을 얼핏 들었다. "야가 수녀 되거나 비구니 된다고 할까 걱정이우.

머리는 비상한디 심신이 허약해서 신의 말이 잘 들리요. 긍게 또 몸이 아프요." 나는 인삼과 보약으로 자랐다. 어머니는 "심신은 양생養生하는 거"라며 평생 내 몸을 강건하도록 도와주셨다. 어머니는 당골네를 무시 멸시한 것이 아니라 그의 말을 삶의 지혜로 받아들였다.

우리집 울타리의 아랫집에는 장사를 하는 국씨네가 살았다. 매월 초사흗날 밤이면 어김없이 장구소리 꽹과리소리와 무가巫歌를 울리며 굿을 했다. 우리는 무가의 장단에 맞춰 "정성이 부족하여 호박떡이 설었구나! 쨍그랑 쨍 쨍그랑 쨍!" 장난을 치며 시끄러운 밤을 함께 보냈다. 우리는 성결기독교인이지만 무당의 굿을 배척하지 않았다. 어느 땐 아랫집에 가서 굿판을 구경하고 제물祭物 떡과 과일을 맛나게 먹기도 했다. 무당이 무가를 부르며 재액초복을 비는 얼굴은 진지하고 두렵기도 하지만 그 눈빛이 초롱초롱하여 아름다웠다. 우리 교회의 이진우 목사님이나 전도사의 기도모습처럼 신령스러웠다. 어머니는 단한번도 국씨네를 흉허물한 적이 없이 이웃간에 정다이 지냈다.

무당이나 당골네는 가슴을 쓸어내리게 하는 묘한 느낌을 주었다. 이유도 모르는 설움을 북받치게 하여 맑은 눈물이 배어나게 하고 어린이처럼 전혀 모르는 남의 복을 빌게 했다. 까닭을 모른 채 우환과 시련을 당할 때 그 답답하고 아픈 심신을 어루만지고 이해해주는 사람이기도 했다.

무녀는 대개 이 세상의 바리데기다. 가장 못나고 천대받은 막내딸 바리데기가, 결국엔 늙고 병든 아버지를 봉양하여 살려낸 공로로, 저승문을 지키는 오구신이 된 사람이다. 곤고함과 괴로움과 외로움을 뚫고 신이 된 사람이다.

그 둘.

시어머니는 수시로 점을 보았다. 점의 내용이나 맹신의 말을 무서워한 것이 아니라 싫었다.

어느 날엔 급기야 무당을 불러들여 굿판을 벌였다. 자식들의 복락과 행운을 빌기 위해서라지만, 가정을 모르쇠하고 다른 여자의 치마폭에서 노니는 남편에 대한 원망을 풀기 위해서였다. 장남며느리인 고로 굿판의 경비를 상납하는 것과 함께 안 해도 되는 체험까지 치렀다.

굿상은 조모祖母의 제사상보다 걸판지게 차렸다. 벼슬과 깃털색이 화려한 수탉을 분홍보자기에 싸서 대령하고 신대神代라고 하는 대나무 가지를 들고 왔다. 박수무당의 굿거리장단에 맞춰 걸걸한 사설을 읊자 골목 안은 쩌렁쩌렁해졌다. 벽을 타고 되울리는 소리에 귀가 멍멍할 지경이었다.

무당은 시누이와 며느리들을 차례로 불러 앉히며 신대를 잡으라 했다. 대를 쥔 오른손이 잘게 흔들리자 대나무 잔가지에 달린 댓잎들이 사르락사르락 겨울바람소리를 내며 달달 떨었다. 심기가 불편하나 무표정하려고 애쓰는 나의 손에 신대가 쥐어졌다. 북과 장구 장단에 맞춰 사설을 늘어놓는 무녀 앞에 무릎을 꿇고 앉아서 나는 신대를 쥔 오른손을 응시했다. 신대가 흔들릴 리가 없다. 이따위 일을 벌이는 시어머니가 못마땅하고 점쟁이의 지적 정신적 수준에 농락당하는 것이 짜증나서 내가 마음문을 닫아 아무런 이심전심이 일어나지 않았을 것이다. 5분 10분이 지나자 점쟁이는 진땀을 흘리며 시누이에게 신대를 넘겼다.

급기야 무녀는 날이 번쩍이는 식칼을 들어, 동그란 눈동자를 데굴거리는 닭의 모가지에 순식간에 꽂았다. 선혈이 튀어 올라 옷자락과 방바닥에 뿌려졌다. 등줄기에 소름이 좍 돋으며 한기가 몰려왔다. 칼을 든 점쟁이가 무섭고 징그러워 싫었다. 그런 일을 치루며 시어머니의 맘은 편했을까? 무얼 깨달았을까? 그 후로도 변한 생활태도나 조신한 인품은 보지 못했다. 그 무녀는 아무런 '신의 한 수'를 두지 못했다.

그 셋.

전람회나 각종 공연과 연주회에 즐겨 찾아다녔다. 예술화된 씻김굿이나 바리데기공연, 오구굿을 여러 번 관람했다. 삼사십 대의 시난고난한 삶은 그 굿의 고풀이에서 내 한恨을 풀

듯이 어김없이 눈물을 흘리곤 했다. 무겁고 칙칙한 가슴을 씻어버리는 일이었다.

대단한 씻김굿의 굿판은 '진도씻김굿축제'에서였다. 2002년 가을, 산자락마다 억새꽃이 하얗게 머리 풀던 때였다. (일본의 오구굿을 초청하여 시연하는 것도 보았다. 초라하고 알량한 일본의 굿이 서양의 관광객을 백만 명씩 끌어들인다니 약이 올랐다. 동양문화의 진수가 일본 것이라는 야소록한 편견이니까. 아무튼 우리는 우리 것을 너무 모르거나 무시하는 지경이다.) 진도의 명인 중에 두 분의 공연을 여러 번 보았다. '병신춤의 명인' 공옥진(-작고함) 씨와 '전라도의 춤'의 명인 박병천 씨다. 그의 장고춤사위와 발짓과 표정에 매료되지 않을 수가 없다. 그는 그의 아들 박성훈(피리 전공)과 함께 무계巫界의 예술명인이다. 진도는 무속의 본향. 어려서부터 그 혼에 씌어 자랐을 것이다. 아무튼 진도굿판의 예술명인이 대거 출연한 굿판이었다.

씻김굿. 죽은 이의 영혼을 씻겨서 천도시키는 굿. 고혼孤魂의 그 슬픔을 위로하는 굿이다. 그 굿판은 인생처럼 길고 길다. 낮은 언덕에 앉아 제석굿부터 보았다. 신판에 하얀 종이로 사람형상=넋을 오려 세워두고 넋 올리기를 할 때 무녀巫女가 진양조로 부르는 무가巫歌에 가슴이 우웅웅 먹먹해지기 시작했다. 저 먼 먼 세월 뒤에 묻혀있던 애자진 과거의 통증이 가락 따라 되살아나는 것이다.

커다란 제상에는 그릇마다 쌀을 담고 그 속에 촛불을 켜서 주욱 진설했다. 한 켠에서 악사들이 시나위(무악巫樂)를 울리는 동안 나는 합장하고 서서 그 넋들의 극락왕생을 빌었다. 원한 떨어버리고 가소서! 이승에 티끌 한 점도 미련 남기지 말고 가소서! 그 넋이 내 넋이 된 듯 내 마음은 쓰리쓰리 쓰리고 아리아리 아팠다. 학의 날갯짓처럼 느리고 우아한 진양조의 무가와 시나위는 간장을 녹였다.

"이 산 저 산 그늘 아래 슬피 우는 벅궁새야/ 너는 어이 슬피 우느냐/ 죽은 고목에 새 순이 나서 가지가지 꽃이 피니/ 마음이 슬퍼서 울음을 운다/ 늙어 늙어 만년주야/ 한 번 늙어 만년이 되면/ 다시 젊기 어려웁다."

무녀의 노래가 내 노래고 네 노래고 우리 노래 아닌가. 시간이 흘러가도 붙잡지도 못하는데, 그 시간이 한 번 가면 다시는 못 오는 세월이 되고 마니, 잘못 살고 헛산 인생이 아쉽고 안타깝고 원망스럽고 속수무책 아닌가. 이래저래 내 고난의 세월과 비애를 남의 넋거리에 얹어 울었다.

씻김굿에서 내가 제일 좋아하는 대목은 고풀이와 길닦음이다. 매디 매디 맺힌 설움과 불행의 고=매듭을 무녀가 한 매듭씩 수월히 풀어내면, 어허 덜싸, 내 원망과 억울함이 풀리는 듯하여 웃음 반 울음 반 박수를 치며 환호한다. "에라 만세, 에라 대신이야!"를 무녀 따라 목청껏 큰소리로 외쳤다.

망자의 넋당석을 모시어 고를 풀어버린 하얀 당목길을 가르며 저승길을 닦아갈 때, 나의 가슴을 내밀어 무녀와 함께 그 길을 좌악좍 갈라나간다. 그 길을 따라 망자의 넋이 이승을 여한 없이 훨훨 떠나갔다. 살아남아있는 자들의 회한과 죄의식을 무마시켜주기도 하는 시간이었다.

그날의 씻김굿은 나의 고난과 비애와 원망을 풀어주는 해원의 시간이었다. 나에게 두렵고 고된 심신의 병을 주고 떠나간 생이별의 영혼을 아주 떠나보냈다. 산 자인 내가 위로받고 죽은 자를 용서하여 나로부터 아주 떠나보내는 시간이었다.

이 세상에는 이해하지 못할 것도 용서하지 못할 것도 없다. 내가 씻김을 받았다.

귀향鬼鄕이 진정한 귀향歸鄕이 될 때까지
– 44명 남은 위안부할머니에게

늙어서도 안 되고 죽어서도 안 되는 여자 〈평화의 소녀상〉이 전주 한옥마을의 입구에 풍남문을 등지고 앉아 있다. 이만치 또는 저만치서 물끄러미 바라보며 지나다닌다.

한때엔 나도 성결한 소녀였고 내 딸애도 화창한 미래를 꿈꾸는 정결한 소녀였다. 그런 소녀들이 칠팔십 년 전에도 살고 있었다. 순결 정조와 정절을 여성의 제일가는 미덕으로 내세우던 시절이었다. 불행보다 비참하게, 일본제국주의 식민치하에 국가가 자주권을 잃은 때였다.

대한제국의 앳되고 순결한 소녀와 처녀들이 일본군의 성노예로, 강제로 끌려가고 팔려가고 속아 따라갔다. 1933년부터 1945년까지 피해자들의 연령은 평균 21.15세. 절반 이상이 10대였다고 한다. 그 숫자는 무려 약 20만 명. 전북 완주 출신의 수필가 목경희 선생은 들려주셨다. 정신대에 끌려가지 않도록 아버지께서 강제로 조혼早婚을 시켰다고. 우리의 어린 딸들의 별칭은 정신대, 위안부, 성노예, 정액받이, 마루따, 세균실험대상자, 성폭력피해자 등등. 수치스럽다 못해 분노를 일으킨다.

한국인 당신들의 어머니고 누이고 아내고 딸인 여성들을 단지 성노예 동물처럼 학대하고 천시한 그 역사적 사실을, 정부와 위정자들은, 어찌하여, 이 문제에 대해 질문하고, 정의롭고 공의로이 용서를 빌고 용서받지 않는가? 이 정신대문제는 여성으로선 그 어떤 전쟁의 비애보다 치욕스럽고 증오스럽다. 세계의 여성들이 일어나서 단죄하고 속죄 받고 다시는 재발되지 않게 궐기해야 한다.

조국이랍시고 훠이훠이 귀향歸鄕한 사람이 겨우 238명. 그들은 '부끄러운 죄'의 누명을 쓰고 억울하고 원통한 인생길을 비칠비칠 걸어야 했다. 친일파도 떵떵거리고 살고 전쟁에 나갔던 군인들이 훈장을 받는 나라에서! 불태워 죽임 당하고, 생매장 당해 죽은 자들과 병들어 죽은 자들은 말을 못하고,

살아남은 자들만 평생 고통과 모욕 천대 가득한 생지옥을 겪어온 것이다. 일본이 저지른 전쟁범죄의 후유증이다. 이런 여성학대가 어디에 있는가? 여성의 인권은 어디에 있는가?

2016년 2월 15일, 전주롯데시네마에서 영화 〈귀향鬼鄕〉의 시사회를 하는 날. 두 할머니가 영영히 입을 다물고 귀를 닫았다. 비로소 해탈解脫하셨다. 합장! 이제 44분 생존이다. 2월 14일엔 일본 가나기와현 요코하마시 죠우쟈마치극장에서 우리보다 먼저 시사회를 가졌다. 또 미국의 후원자 시사회를 순회 개최했다. 크라우드펀딩에 협조한 지역 LA, 아리조나, 뉴욕, 코네티컷대학교, 브라운대학교, 워싱턴 등에서 상영했다. 의식 있는 그들에게 감사드린다. 빙의될 정도로 지독한 정신적 고통 속에서 열연해준 재일교포배우들에 대한 예의다.

〈남영동1985년〉보다, 〈꽃잎〉보다도 아프게 소리 없는 통곡이 출렁였다. 관람하는 내내 몸이 힘들었다. 펑펑 울 수도 없고 상소리로 소리를 질러댈 수도 없고 파김치처럼 몸이 처졌다. 눈물은 목멘 신음 따라 저절로 흘렀다. 관객들은 숙연했다. 딸애와 나는 생지옥을 통과한 것처럼 축 처져서, 말 한마디 없이 모주를 마셨다. 밤내 잠들지 못하고 어지러웠다. 나는 그 소녀가 되고 그 소녀들의 어미가 되었다.

내가 대학생이던 1966년, '한일수교재개' 반대데모에 민주인사와 대학생들은 종주먹질을 하며 나섰다. 1965년, 식민지배시기의 각종 피해자들에 대한 사죄와 보상을 깡그리 무시하고 박정희 대통령이 일본과 짝짜꿍하여 한일협정을 이룬 대가로 3억 달러를 받았으며, 그 돈은 박정희군사정권의 자본임을 알았기 때문이다. 지성인과 젊은이들은 분노했다.

그리고 2015년 12월28일. 박근혜 대통령과 일본 아베 신조 수상이 "위안부합의는 최종적이고 불가역적인 합의"라며 더 이상의 거론은 없다고 탕탕 못을 박았다. '한일위안부협정 타결'이라며 자화자찬하는 한국정부나 한국언론과는 달리 미국의 '워싱턴포스트'지는 "한국에는 언론자유가 사라지고 있다." "박근혜 대통령이 독재자 아버지가 쓴 대본을 이어받고 있다."고 비난했다고 한다. 요즘엔 외국신문까지 즉시즉시 번역해주는 똑똑한 분들이 많아서 의식 있는 국민들의 눈이 멀 수가 없고 귀머거리가 될 수 없다. 자고로 자기 소문은 남이 먼저 안다고 하지 않는가.

한국정부는 전쟁위안부로 20만 명의 여자아이 국민을 헐값과 모욕으로 두 번 팔아먹은 셈이다. 종군위안부 문제는 무엇보다도 당사자들의 인권회복이 우선되어야 하건만 외면되고 있다. 그리고 우리 정부에서도 대한제국의 공권력(현재로는 국가공무원)이 동원되었음을 인정하고, 사죄하고 보상해야 하지 않겠는가.

2002년 어느 날. '나눔의 집'(일본군위안부 할머니들의 후원시설)에 조정래는 봉사하러 갔다. 심달연 할머니(2012년 12월 사망)의 꽃 누르미 작품 〈꽃할머니〉, 강일출 할머니의 그림 〈태워지는 처녀들〉과 김학순 할머니의 조곤조곤하고 뼈마디가 시린 위안소생활 이야기에, 젊은 청춘 조정래는 서러움의 산더미를 가슴에 안았다. 그로부터 14년간, 영화 한 편 만들기 위해 넘어지고 좌절하고 포기할 뻔했다. 결국 뜻을 가진 지성인 75,270명이 크라우드펀딩에 동조했다! 연극배우 손숙 씨 이하 스태프와 재일동포 배우들은 재능기부를 했다.

위안부할머니들을 찾아가 두 손을 잡고 밥 한 끼니라도 다숩게 대접하지 못한 미안함과 우리 선배들의 피맺힌 치욕과 원통함을 위로하지 못한 미안함에 나와 딸은 즉각 두레에 끼었다. 일본인 역할의 교포배우들은 목숨을 내놓고 연기하고, 강일출 할머니 역의 강하나는 겨우 14세의 어여쁘고 앳된 소녀인데 그 혼신을 다해 열연했다. 배우들은 정신신경과의 도움을 받으며 연기했다 한다. 빙의를 느낄 정도로 지독한 괴로움 속에서 열연해준 배우들에게, 관객들은 기립박수를 쳤다.

영화 〈귀향鬼鄕〉은 단순히 무지한 옛날 여자의 천박한 이야기가 아니다. 사디스트 같은 성놀음의 이야기도 아니다. 지구의 주인이며 만물의 영장인 인간을 출산하여 인류를 존속케

하는 존재인 여성의 출산기능과 존엄성과 인권을 짓밟은 범죄를 고발하고 각성하자는 외침이다. 치욕의 역사일지라도 사실을 사실로 인정하고 속죄할 때 범죄의 역사가 반복되지 않을 수 있는 것이다. 한 걸음씩 깨달아가기를 바란다.

한국, 중국, 필리핀, 대만, 싱가포르가 동참하여 8월 14일을 〈세계위안부의 날〉로 정했다. 일본이 세계 앞에 무릎을 꿇은 날이며 대한민국이 일제치하에서 광복된 날 8월 15일의 하루 전날이다.

여성의 인권을 회복시키고 존중하기를 빈다. 여성이 없으면 인류의 존속도 없다.

되나 깨나 아Q 천지

알아야 면장을 한다던가. 일단 알아야 화도 내고 거친 말도 하고 개탄도 할 수 있다.

나이 지긋해지면 속세를 등지고 유유자적하며 고상하게 늙어갈 줄 알았다.

그런데 요즘세상은 옛세상과 다르고 요즘사람은 옛사람과 달라 늙어도 늙은이의 지혜가 참 부족하다. 과거의 영광을 권위로 알고 젊은 지성에게 사사건건 섭정을 하느니 조용히 늙어가는 게 낫다. 늙은 부자는 많아도, 이웃을 구하기보다 시달려 죽이는 칼 안 든 도척이 부지기수다. 양심가인 줄로 믿고 따랐더니 그럴싸한 포장언어와 위장처신으로 아직 호기심 많은 젊은 지성들에게 수치스러운 장사를 하거나 유명세를 쥐고 오도誤導하는 정치문화인은 역겹다. 문화권력은 정치권력의 부속물 아닌가. 진짜 지성이라면 그쯤은 간파할 것이다.

한때 문화인은, 적어도 멋있는 지성인이라는 뜻이었고 예술문화의 일번지는 문인이었다. 그러나 대중문화가 대세인 이 시대에는 문사적인 문인이나 학력지식의 축적자가 아니라 대중문화의 콘텐츠를 개발한 자가 일류다. 인터넷과 SNS와 스마트 폰 발달은 사고방식과 능력을 바꿔놓았다.

문학에 서정주도 가고 문순태도 지나갔다. 아무개를 들이대도 문단인 중에서도 끼리끼리 인정하는 꼴이다. 인터넷과 홈페이지에 오르락내리락하는 짧은글이 차라리 상큼하고 깔끔하고 후련하다. 시인이 본뜨고, 명색 수필가가 표절하고 있는 지경이다. 철저히 시를 공부한 시인보다 길가의 붕어빵처럼 시인과 수필가가 된 문인이 부지기수다.

클래식 음악세계에도 특별한 심볼이 이미 없어졌다. 옛것을 우려먹어도 장삿술일 뿐이다. 정경화(바이올린), 정명훈(피아노, 지휘)의 시대도 가고 조수미(성악가), 백건우(피아니스트), 김형욱(바이올린) 시대도 멀어져갔다. 서태지가 가요의 혁명을 일으키고 박진영과 싸이, 비보이가 미디어협상력을 갖고 대중문화의 권좌에 앉았다. 요즘엔 '방탄소년단'의 시대다. 그런 시대다.

이럴 동안에 문학에선 무슨 일이 있었는가. 한국문학계에서 비평의 왕좌를 오랫동안 차지하던 김윤식은 일본의 비평가 가라타니 고진을 표절했다. 윗물이 맑아야 아랫물이 맑을 것인가? 속이 뒤집힌 흙탕물도 아래쪽으로 흐르다 보면 자정되지 않던가. 구미歐美에까지 나가 한국문인을 망신시킨 신경숙도 일본소설 토막을 표절하고, 전북일보에 연재하던 조수비의 소설도 일본소설의 표절이 불거졌었으니 이 무슨 글도적질인가. 윤리도덕의식도 죄의식도 없었으니 후회해도 너무 늦었다.

이들이 잘 나가는 동안에 어쩌자고 박범신은 이따금 얻어맞았다. 또 슬프고 한탄스럽게도 국가의 지성과 예술의 수준이 미천한 고로, 마광수는 대학교강의실에서, 강의 중에, 저질권력에게 체포되었다. 그의 글은 애독할 만하고 특히 그의 수필과 연구논저는 명작 아닌가. 게다가 지성의 무대인 대학교의 교수였건만 한마디로, 그가 비참히 여길 만큼, 그는 속절없이 병들어야 했다. 진정한 지성인을 자살하게 만든 이 나라의 지적 환경이 못마땅하다. 아무도 손 내밀어준 문사가 없었다는 게 못내 가슴 아프다. 산다는 건 각자의 몫이라 해도 뼈저리게 외롭다. 슬프기 한없다. 정신질환임에도 여전히 존중 보호 받으며 미술혼에 전념하게 하는 일본인 미술가 쿠사마 야요이가 부럽고, 그를 건사하는 일본의 예술정신이 부럽다.

21세기는 이미 수위를 넘게 지식과 지식인이 차고 넘쳐버렸다. 대한민국은 교육열로 성장한 국가여서인지, 나라 안은 지식인의 홍수시대나 마찬가지다. 그러나 지식인 대부분은 재벌공화국 삼성공화국의 돈으로 대학, 각종 연구소, 언론기관, 삼법기관(입법, 사법, 행정)에 연줄을 걸고 있으니, 공화국 안쪽이나 바깥쪽이나 모두 '조용히 입다뭄'을 하느라 '말하는 벙어리'거나 중얼중얼 제대로 들리지 않는 소리로 웅얼거리는 '반벙어리'로 산다. 권력 재력에 빌붙지 못하면 눈 뜬 장님이나 말하는 벙어리로 살아가야 하는 것이다.

현대는 대중지성(mass intelligence) 또는 집단지성의 시대로 지식의 소비자인 동시에 지식의 생산자가 되어야 한다. 혼자서는 하지 못하는 일을 대중이 힘을 합하여 가능케 한다. 47,000원짜리 노랑봉투가 삼성손배소송으로 47억 원을 물어야 하는 노동자들을 일으킨 일도, 물결처럼 이어지는 촛불집회로 철골鐵骨 같고 콘크리트 같은 대통령 박근혜를 탄핵시킨 일도 힘없는 대중의 힘이 모여, 모여, 모여서 이뤄냈다. 정치학 법학을 제대로 공부한, 부정부패한 지식인의 지식의 무덤 위에 꾸며진 초록 풀밭 같은 것이 집단지성이다. 권력재력가가 비밀의 벽 속에 갇혀 놀 때, 대중지성은 풀밭 위에서 더불어 노래하고 쉴 수 있는 사람들이다. 이런 힘을 무리지성swarm intelligence이라고 한다. 하나하나의 힘은 미미하지만 무리의 지능은 대단한 에너지와 지식의 극대화를 이루는 것이다.

이젠 케케묵은 나이의 늙은 누구에게 뭘 가르치거나 알려주려고 애쓰지 말아야 한다. 사실 나이만 늘어나고 뭘 모르는 근엄하고 교만한 어른들이 뭘 배울 수 있기는 한가?

더 이상 지식을 기억할 머리도, 생각할 생각도 없는, 대중지성에게 환영받지 못하는 사람에게는 미래지향적인 아젠다agenda=의제를 제시할 수도 없다. 그들은 무엇보다도 공적公的이어야 하며 정신적으로 비굴하거나 불의하고 어리석어선 안 된다는 걸 잊어먹었다. 구체적인 현실타개보다는 케케묵은 고정관념에 집착하는 사람들이다. 바로 루쉰魯迅이 쓴 소설의 주인공 '아Q'들이다.

주위를 둘러보니 먹을 수도 없고 불을 지필 수도 없는 잡초가 판친다. 아하, 아Q 천지다.

'77년 11월 11일

화인火印 같은 기억은 결코 바래지거나 지워지지 않는다. 화들짝 아팠기 때문이다.

1977년 11월 11일. 밤 내내 전화음만 울리고 가슴이 답답하던 느낌이 여전히 생생하다. 이튿날 아침햇빛에 눈부시게 반짝거리던 '이리'의 길거리와 온통 입을 벌린 동굴입구 같던 건물들을 잊을 수가 없다. 늦가을의 밤에 우어어엉 들리는 소리에 멀리서 포탄이 터지거나 지진으로 땅이 흔들린 줄 알았다. 이리(현재 익산)는 전주에서 북쪽으로 24Km 떨어져 있는 교통도시였다.

2017년 11월. 한강불꽃축제가 장관을 이루었다. 불꽃을 피우기 위해 화약을 제공하고 발포한 건 '한화그룹'. 60~70년대에 폭발물을 독점 공급하던 '한국화학'이다. 바로 '이리역폭발사고'를 일으켰던 회사다. 이리역폭발사고는 군사정부시절의 부정부패가 관용화한 시절의 대형사고였다.

가끔 소규모 대규모의 불꽃놀이를 바라본다. 타다닥 하는 총포발사 소리와 함께 슈이익, 펑, 굉음과 함께 밤하늘에 여러 형태의 불꽃이 깜짝, 번쩍 피어났다 사라진다. 희부연 연기가 허공에 발을 치듯이, 천을 늘인 듯이, 하늘로 고개 젖힌 군중 위로 황사처럼 퍼져 내려온다. 이내 호흡과 눈과 피부가 걱정된다. 저 세금의 낭비와 공해를 어찌 하나? 순간적 눈요기볼거리가 꿈을 주는 건강한 놀이인가? 나는 정말이지, 불꽃이 아니라, 도시에서 사라져버린 하늘에 총총한 별떨기나 미리내를 바라보고 싶다.

'77년 11월 11일 밤. 한국화학의 수송물건 다이너마이트가 이리역내 기차화물칸에서 폭발하여 나의 고향에 엄청난 재앙을 몰고 왔다. 사망자 59명, 부상자 1,343명, 이재민이 8,000여 명으로, 당시에, 육이오사변 후에 최대피해를 낸 인재人災라 했다.

이리역은 근 100년의 역사를 가진 역으로 호남선, 전라선, 군산선의 교환역이였다. 역무원들이 그 점을 악용하여 소위 뇌물=급행료를 먹고서 배차해주는 것이다. 위험물 화약 수십 톤을 실은 화차는 역구내에 정차대기해선 안 되는 원칙인데도 22시간째 이리역 역내에 정차 중이었다. 한국화학의 화약 호송원 '신무일'은 급행료장난질에 화가 나서 술을 마시고 어둔 실내에 촛불을 켜둔 채 잠에 빠진 것이다. 화약 옆에 촛불이라니! 아뿔싸! 그리고 대폭발!

한밤중에 이리시민들은 영문도 모른 채, 폭발소리에 제2의 6.25전쟁이 터진 줄 알고 무조건 삼례쪽, 만경강 건너 김제방향, 남쪽 전주를 향해 뛰었단다. 북한이 침공했다고 직감했단다. 반공방첩교육으로 머리에 박힌, 도깨비뿔 달린 북한인민이 밤중에 도발했다고 여겼단다. 막둥이동생과 이모네, 숙부네, 외숙부네랑 친지들이 줄줄이 살고 있는데……. 감감 소식불통……. 동생은 역전 부근 음식점에 있었는데, 식탁 위로 지붕이 내려앉고 어두컴컴한 먹방이 된 음식점을 탈출하여, 폭발음이 연속적으로 들리는데 친구랑 함께 무작정, 만경강에 가로놓인 목천포다리까지 뛰었더란다……. 사람 환장하게 하는 밤이었다.

이튿날 아침. 어린 딸과 서울언니와 이리역 앞에 도착했다. 도로엔 은빛 유리가루가 빤짝빤짝 눈부시게, 짜그락짜그락 소리 나게 밟혔다. 빌딩마다 뒤틀린 알루미늄새시 너머로 유리창 하나 없이 검은 아가리를 벌리고 있었다. 막내이모네는 역사驛舍에서 500m쯤 거리인데, 180도 S자로 뒤틀린 철로鐵路의 파편이 안방 위 기와지붕을 뚫고 침대 위에 꽂혔다. 이모가 누워 있는 옆구리 옆이었다! 이모부는 친구와 바둑을 두는데 펑 펑 펑 소리가 울리는가 싶더니 느닷없이 응접실 유리창이 폭풍과 함께 찰그랑 챙 소리치더란다. 소파와 두터운 윗도리가 유리파편에 스파크장식을 한 것처럼 뒤덮여 버렸다. 히야, 죽음문턱을 언제 넘을지는 아무도 알 수 없는 거였다. 나는 난장판의 곳곳을 눈물을 질금질금 흘리며 돌아다녔다.

중앙동 번화가에서 보석상을 하는 정자언니네에 들렀다. 안방의 천정이 내려앉고 가게 문을 닫을 새도 없이 가족의 이름을 부르며 혼비백산하고 있었단다. 보석상 앞길에 사람들이 우왕좌왕 난리였건만 금반지 한 개도 도둑맞은 게 없었다. 며칠간 사고의 후속뉴스가 생생하다. 이리시민들은 무방비상태에서 어둠과 공포에 우왕좌왕했지만 도난이나 폭력사건이 단 한 건도 발생하지 않았다. 국내뿐 아니라 세계의 뉴스가 연일 보도했다. 안도되고 눈물 나는 이리시민의 인심이었다.

교통도시의 기차역 근처는 뜨내기가 많은 법이다. 역 근방에 사창가로 유명한 창인동의 어두컴컴한 옴팡집과 쪽방촌은 산산조각이 나고 길거리엔 살림살이 잡동사니가 나뒹굴었다. 너덜하고 후줄그레하나 화려한 색깔의 옷가지랑 편지나 신발이 굴러다녔다. 철인동=창인동의 남녀들 모습과 눈이라도 부딪칠까봐, 그 근방의 건물과 학교에선 창선동=창인동 방향의 창문도 열지 못하게 했었다. 행정력으로도 어찌하지 못하던 창녀촌의 역사歷史는 그리하여 사라지고 아파트동네로 변화하는 계기가 되었으니 20년 앞서 발전하게 되었다고 환호했다. 인생에선 불운과 행운이 동행인 것이다. 파괴 후에 건설이 있고, 괴로움이 있어야 신생이 있으며 불운이 인생의 성숙을 이끈다.

두고두고 일화가 많은 폭발사고였다. 나의 스승 홍석영 소설가는 사고의 난장판에서 파드락거리는 편지쪽지 한 장을 주웠다. 어설픈 글씨인데, 어느 창녀가 시누이에게 쓴 편지로, 생일을 맞은 남편에게 선물을 사주라는 내용이더란다. 선생은 '여보, 당신 전 상서'라는 산문 한 꼭지를 써서 ≪시문학≫에 송고했단다. '이리에서 온 편지'라는 특집이었다. 그 이야기는 여러 번 들어도, 세상에나, 안쓰럽고 아프고 아름다운, 전설처럼 남은 창인동야사로 추억한다. 그때 승천하거나 다친 사람들도 가슴 아픈 인연이다. 어쩌다 생각나면 가슴에 두 손을 모은다.

그때 함께 겪은 혈육들이 참 그립다. 작은숙부 내외, 막내이모 내외, 큰고숙 내외, 작은외숙부 내외, 한 분 오라버니, 모두모두 부모님과 함께 천국의 울안에서 이리=익산을 추억하고 계실 것이다. 이제 익산에는 내 영혼을 곧추 세워주시던 울타리가 없다. 허허하다.

우리의 정신과 혼은 자연을 닮았다. 아니, 우리 인생이 자연의 사계를 품고 있다. 지구상의 어떠한 것을 파괴할 권리가 인간에게 없다. 그런 권리는 아무리 생각해도 죄악이다.

4만7천 원짜리 봉투

"법에 대한 존중보다는 먼저 정의에 대한 존경을 기르는 것이 바람직하다." 이 말은 헨리 소로의 명언이다. 제대로 된 시민사회를 위해 우리는 명심해야 한다.

거대한 기업 삼성 쌍용자동차와 붙은 노동자의 피눈물 나는 투쟁의 결과, 대한민국의 법에서는, 노동자가 대기업에게 47억 원을 손해배상하라는 판결을 냈다. OECD국가 어느 나라에서도 그 유례가 없다는 짓거리를 자행한 것이다. 강자의 재력 권력의 하수인이 된 법에 분노가 치민다. 이런 판국에 쌍용자동차는 기업이미지 개선을 위해서라나, 회사명 변경을 추진하는 데에 1천억 원을 쏟아 붓겠단다. 오호, 이럴 수가!

집중 조사한 기사들을 꼼꼼히 읽으며 법과 대기업의 횡포에 대한 분노의 신음과 쓰디쓴 감탄사가 흘러나왔다. 나와 같은 시민들 즉 겨우 밥숟갈 뜨고 보잘것없는 주거에서 알탕갈탕하면서 선하게 부지런히 살아가는 평범한 사람들은 애가 타고 함께 억울해했다. 박봉으로 부려먹고선, 감원이라며 무작정 쫓아내고도 47억 원을 물어내라니. 당장 생계와 어린 자녀의 학비도 아득한 그들을 법은 두세 번도 더 죽이는 꼴의 판결을 한 것이다. 누구를 위한 법인가. 법이란 멀쩡한 시민을 위해서가 아니라 한 사람의 억울한 사람이 생기지 않도록 하려고 존재하는 것이지 않은가.

우리는 거의 모두 이 사회의 근로자다. 근로자는 노동하는 사람. 노동은 일을 하는 것. 불경에도 성경에도 "일 하지 않는 자는 먹지도 말라." 했다. 먹는 것은 생명력을 유지하는 비결이다. 이렇게 노동은 인간이 살아가기 위한 신성한 일이다. 그런데 그 신성한 노동의 대가를 정당히 나누는 게 아니라 아랫사람의 노동을 착취, 갈취하는 사회는 썩어가는 사회요 썩은 사회다.

딸애는 풋내기사원으로 지역의 출판사에 근무한 적이 있다. 이미 유럽의 1000유로 인생이 한국에 도래하여 100만원 세대로 전락한 고학력 지식인의 직장생활이 비참해서, 입을 다물고 살았다. 그리고 직무유기나 직무의 결함도 없이, 부모까지 약자로 무시하고 모함하는 야비함을 못 이겨 퇴직한 꼴이 났다. 크나 작으나 다수의 근로자를 부정부패의 도구로 삼고 있는 게 이 사회의 기업이고 기업인이다.

오죽하면 젊은 지성들은 말한다. 아기를 낳는 것은 자본가들을 위해 노예를 길러주는 것이라고. 불과 2세기 전. 백인들이 아프리카 흑인노예들을 매매할 때, 그들의 치아, 엉덩이, 근육을 사육하는 소처럼 점검하여 사고, 과도하게 부려먹고 기운이 약해지면 헐값으로 '처분'했다. 우리의 2세, 3세들을 현대의 자본가가 박봉으로 골라 쓰다가 눈썹하나 까닥하지 않고 파면한다. 옛 시절 노예처럼. 100만원세대, 알바인생, 시간당일꾼, 투잡쓰리잡세대가 이미 현실이다. 평생직장이란 자본가의 가족이나 노예를 거느린 십장뿐이다.

배고파 본 사람이 남의 허기에 운다. 감기 한 번 앓아보지 않은 사람은 남의 아픔을 모른다. 유명인보다 보통사람들이 끼리끼리 손을 잡고 인류애의 꿈과 썩지 않는 사회를 위한 희망을 잇는다.

요즘 나는, 내가 힘써서 번 돈을 쓰면서도 미안했다. 눈 먼 돈처럼 소비하거나 낭비한 적 없으면서도 남에게 한줌씩 쥐어줄 돈이 없어서 미안했다. 부자교회에 바치는 십일조 대신에, 술 마시고 노래하는 대신에, 가난하고 수고하고 무거운 짐 진 이들을 위해 작은 토닥임일지라도 '노란봉투'를 보내고

나니 비로소 얼굴이 조금 펴진다.

이런 일은, 두 아이의 엄마인 배춘환 씨가 불씨가 되었다. 그는 쌍용해고노동자들의 47억원 손해배상 판결 앞에서 분노하고 절망한 사람. 그들의 고통을 함께 나누어 지기 위해 그가 생각해낸 것은 '10만 명이 47,000원씩 모으면 47억 원이 되겠다.'는 것. 그는 아이의 학원비를 아껴 〈시사IN〉에 47,000원을 보냈다. 그 기사를 읽은 가수 이효리 씨가 "어깨를 툭툭 건드리는 것같이 느꼈다."며 동참하고, 동참을 호소했다. 불길은 타오르기 시작하고 나의 손도 '노란봉투'를 보냈다. 현세 최고의 지성이며 미국MIT대학 언어학과 석좌교수인 에이브럼 놈 촘스키 씨가 '47달러 봉투'로 한국 민중의 손을 잡아줬다. "쌍용차 노동자들의 현실이 안타깝고 고통스럽다."며.

촘스키 교수는 〈변형생성문법〉 이론의 언어학자로 철저히 전쟁에 반대하고 패권주의에 맞서며, 정부와 자본의 부당함과 조작된 언론에 분노하는, 현대지성의 표상이다. 1980년대 민중의 투쟁으로 놀랄 만한 민주국가를 이루어낸 한국에서 '제주도 강정마을 해군기지 건설'이 행해지고 '쌍용자동차 노동자 해고', '이석기 내란음모사건', '철도민영화 반대파업사건' 등이 벌어지는 건 '정말 불행한 일'이라고, 한국에서 벌어지고 있는 '마녀사냥'을 염려했다. 이러한 일은 범죄나 다름없으며 정의와 평화를 위한 민중이 투쟁할 수밖에 없다고 설파했다. 신자유주의 시대의 대표적 산물인 '자본'은 대중 곧 민중을 공격한다는 것이다. 불행하게도 한국은 신 식민주의로 돌아가려 한다고, 저항해야 한다고 우려했다.

기업의 제품을 생산하는 노동자를 잡아먹는 현대는 육식공룡시대 같은 육식성 사회다. 촘스키는 말한다. 미국의 인구는 감소 중이다. 경제성장의 약 95%가 1%의 국민에게 편중되었다고 한다. 한국의 부는 몇%의 누구에게 몰려 있을까?

민주주의 국가는 민중의 국가여야 한다. 민중은 근로자며 노동자의 부모거나 자녀다. 적어도 우리의 자녀와 이웃민중이 이 나라에서 신념 있게 노동하고 정당한 대접을 받으며 행복하게 살 수 있다면 좋으련만. 쌍용자동차의 정리해고 후에 목숨을 끊은 노동자와 가족이 24명. 파업을 주도한 노동자는 범죄자로 몰려 감옥에 갔고 파업반대에 참여한 이유로 회사와 경찰에게 47억 원을 배상하라고 판결났다.

오오, 민주주의국가 대한민국에서 벌어진 비참한 현실이다. 참다운 지성인이라면 외면할 수 없고 외면해선 안 되는, 타개해야 할 현실이다.

밟기, 읽기, 알기, 깨닫기

5대양 6대주를 좌악 펼친 세계지도가 벽에 걸려있다. 막 날개를 펼친 독수리의 날갯짓 같은 연두색 대지가 푸른 물에 떠 있다. 지도 앞에 서서 견갑골에 힘을 주어 팔을 들어 올리고 저어댄다. 지구 위 허공을 날며 세계를 한 품 한 눈에 안는 몸짓이다. ㅋ,ㅋㅋ, 이따금 혼자서 하는 비행놀이다.

젊을 땐 여기저기 가보고픈 나라가 많았다. 1980년대 후반부터 한20년 여기저기 떠돌이처럼 남의 땅을 밟으며 돌아다녔다. 벽의 세계지도에는 빨간 사인펜으로 동그라미를 그렸다. 고지식한 나는, 마치 좋아하는 사람을 자주 만나듯이 한

나라를 여러 차례 방문하기도 했다. 대만은 네 차례요, 중국은 하도 넓은 땅이니 열 번쯤 밟았어도 까막눈이의 독서나 마찬가지다. 그런 생각을 하다가, 아뿔사, 여행한답시고 시간과 돈 꽤나 까먹었구나 싶었다. 허, 이 너른 지구에서 가보았노라고 표시한 곳은, 내 얼굴에 볼펜으로 검버섯 몇 점 그린 격 아닌가. 땅덩이를 다 훑어보아야 사람 사는 것이 뭔가를 알 것인가. 멈춰야 할 때를 이제 깨닫는다.

명문장가란 만판 싸돌아다닌 사람은 아니다. 〈폭풍의 언덕〉의 저자 에밀리 브론테와 〈제인 에어〉의 샤롯트 브론테 자매는 떠나본 적 없는 고향의 풍광과 에너지로 명작소설을 썼다. 〈종이시계〉의 작가 앤 타일러는 고향 밖으로 여행해본 적 없이 수작秀作을 썼다.

또 외국에 며칠 다녀와서 인격이 달라진 사람도 보지 못하고, 사유의 깊이가 깊어진 지성도 별로 없었다. 여행의 의미나 인류의 삶을 생각해보고 한 계단쯤 성숙해진 친구도 거의 없었다. 대부분 여행사의 상품이 되어 그저 따라다니다가 물품 몇 가지 사들고 신나게 귀가하는 것이다. 수런수런 벌떼처럼 윙윙거리며 쏘다니는 꼴이 난 셈이다.

나는, 다시는 돌아올 길 없는 머나먼 길을 나설 날을 바라보는 사람인데, 저렇게 돌아다닐 시간에 연필을 더 쥐자 싶어졌다. 냅다 지도를 걷어 치웠다.

해외여행에 흥미도 관심도 약해진 결정적인 단서는 스리랑카 여행이었다. 스리랑카에서 만나거나 스친 많은 사람들이 진정 나의 눈부처로 남았다. 눈을 감아도 떠도, 그곳의 승려와 아낙과 아이들을 떠올리면 진심으로 합장이 되었다. 무우수無憂樹꽃을 가슴에 심었다. 요사스럽고 구차한 내 안의 허상, 허위를 끊어내기 시작하고 어리석게 고착된 사고습관을 무화시켰다. 사람에 대해 고정화된 견해를 버리기 시작했다. 홀로 있어도 눈은 자주 젖고, 육신의 아픔이 흔들어대도 마음은 잔잔하다. 7년이 지나가건만 아직도 그 여행단상을 쓸 수가 없다.

훽 떠나기를 좋아하는 나에게 딸이 여행을 권했다. 신기할 것도 그리울 것도 없고 안 가보면 몰라서 애탈 일도 없으니 몸이 힘든 짓을 안 하고 싶다고 했다. 우리 강산 곳곳에나 발길 인연 닿는 대로 쉬엄쉬엄 다니련다. 누가 나를 봐주지도 않는데도, 나는 자연의 품에 숨고 싶다. 산정이나 산중턱에서 초록 산줄기를 바라볼 때 나는 참으로 순일純一 순정純情해진다. 문명색과 사람색이 묻지 않은 첩첩산중에 우두커니 서있을 때 나는, 어머니의 가슴에 안긴 어린 아기처럼, 한 그루 푸나무처럼 신성神聖해지는 나를 발견하곤 한다.

비록 톨스토이 장원에 다녀왔어도 톨스토이처럼 쓰지 못한 반면에, 메디슨 카운티 다리에 가보지 않았어도 애틋하고 뜨거운 제 사랑을 포기하는 어머니의 외롭고 아린 사랑에 울었다. 그런 것이다, 안다는 건. 그래야 하는 것이다, 산다는 것은. 한때, 짧은 여행 긴 여행, 여행을 자주 다녔는데 그것은 생활의 속박을 벗어던지는 속풀이 한풀이 놀이였던 게다.

요즘 나는, 가슴으로 낯익고 현실로 낯선, 둘레를 여행하고 싶다. 내가 아는 서울 숭례문 부근 순화동과 남산골과 그곳에서 함께한 사람이 거진 사라지고 있다. 명동, 광화문거리와 종로거리 을지로거리는 청춘의 낭만과 회한이 가득한, 내 가슴이 뜨거워지던 곳이다. 서대문형무소와 삼일고가도로, 아현동고가도로는 사라졌지만 거기 어딘가에 젊음의 슬픈 자존심이 방황하고 있다. 동대문고속터미널과 굽이굽이 창신동 산동네는 잿빛 비애와 자살의 아픔을 파묻은 곳이다. 정릉과 잠실에는 아련한 옛사랑의 그림자가 흔들거리고 삼각지와 한남동 고갯길엔 추억 속의 사람과의 고요한 작별이 머물러 있다.

내가 사랑한 만경강과 익산시가 이미 '옛 만경강과 이리'가 아니다. 내가 수없이 건너다닌 만경강 위의 목천교=목천포다리는 익산과 김제 양쪽 강안의 두어 칸만 남기고 철거되었다. 공덕면 회룡리의 외가로 아버지의 지프차를 타고 오가던, 부모의 땅이자 형제들의 땅이며 내 속뼈가 성장한 땅. 과거를 지우며 지금의 내가 있듯이 그 옛 땅의 모습이 사라져간다.

그러나 그 땅은 나의 뿌리로, 뜨거운 피울음과 화산폭발 할 것 같은 감정의 마그마가 거기 어디에 있다. 그곳들을 새 시선으로, 애정과 관심으로 다시 밟고, 다시 읽고, 다시 알고 싶다. 수박겉핥기를 하거나 명절날 어린애가 새 옷 입고 좋아하듯이 서대는 여행은 이제 사절해야 한다. 몸 낭비, 시간 낭비, 돈 낭비다.

나는 나를 제대로 파악하고 인식하고 싶다. 나의 심우도尋牛圖가 멀리 있는 게 아니었다. 진실로 나의 본성을 알고 싶다. 그러므로 유년과 청춘을 살찌운 곳들을 밟아보고 자기를 다시 읽어보아야 한다. 인생의 시작과 과정을 되새겨보아야 마지막 갈 길을 깨달을 수 있기 때문이다.

딸애는 응접실 소파 위에서 세계지도를 보고 자랐다. 가 본 적 없는 여러 나라의 역사와 문물, 문학과 종교 속 인물을 이야기하며 여행 아니 한 곳이 없다고 할까. 내 아버지가 거지 여행가 김찬삼의 여행기를, 꿈꾸는 소녀인 나에게 안겨주셨듯이, 세계의 이야기를 배우며 성장한 딸애가 젊어서 여행을 두루 하고 자유로이 살기를 바랐다. 생활과 늙으신 부모에 발목 잡힌 나는 그러지 못했으므로.

그 어쨌거나 여행은 좋은 스승이었다. 인간생활은 신토불이이며 어느 나라 어느 땅에나 빈부와 정치, 종교와 문화가 있으며 제각기 다르다는 것을 알았다. 어느 땅 누구나 생로병사 과정을 희로애락 따라 꾸린다는 것, 눈에서 멀리 있으면 마음에서도 멀더라는 걸 배웠다. 불우한 이들에게 있는 것 털어주는 것도 그때뿐, 병들고 고통 받는 바로 내 곁 이웃에게 한 끼니 밥을 나누고 손 한 번 잡아주는 게 진짜 할 일이라는 것도 여행에서 절실히 깨달았다.

바닷물을 모다 퍼마셔야 바닷물이 짠 걸 아느냐고 흔히 말한다. 제발 하나를 보고 열을 아는 지혜자가 되면 좋겠다. 63빌딩에 오금을 저리며 가야하고, '상해동방명주' 꼭대기에 벽에 등만 대고 섰더라도 씨잉 올라갔었다. 근데 그게 어떻단 말이냐. 일상의 삶은 아니다. 만리장성과 장가계를 눈을 감고 박박 기듯이 밟고는, 인간은, 아니 나는, 한없이 겸손하게 살다 가야 한다는 걸 뼈저리게 느꼈다. 허리케인과 자연산불이 미국의 도시를 쓸어내는 걸 지켜보며, 사람이 세운 저 높은 것들이 하늘 아래 바벨탑일 뿐이란 걸 절감했다.

오늘, 기린봉을 사슴사슴 걸으며 우리 역사와 나의 인연을 생각하고, 장군봉에 쉬엄쉬엄 오르며 녹두장군의 뜻은 얼마큼 이루어졌는지 되새겨본다. 남문의 종이 울리면, 그것이 진정 이 시대의 시민정신을 깨우는 시간이 되기를 바란다. 덕진연지의 삭은 연꽃대공이 말한다. 살아야 할 때를 알고 살고, 가야 할 때를 알고 가라고.

태종사의 도성 큰스님을 따라나선 스리랑카여행은 나에게

말했다. 네 자리에서 네 이웃에게 한없이 겸손하라고. 어떤 불운에도 불평을 버리고 감사하라고. 바로 네 땅이 부처의 땅이고 바로 네 이웃만물이 네 눈부처라고!

위대한 젖가슴들

어머니의 젖을 먹던 시기를 나는 기억하지 못한다. 다만 어머니가 되어 딸애에게 젖을 먹이던 때의 그 부푼 젖가슴이 주는 젖몸살의 통증과 근질근질한 통쾌함, 자기를 버리는 무한한 슬픔과 밀려오는 여자로서의 행복감을 결코 잊을 수 없다. 여성의 최고상징은 유방이며 최고사랑은 젖을 물린 젖가슴이다.

고등학생 소녀시절에 존 스타인백John Steinbeck의 노벨문학상 수상작 〈분노의 포도〉를 읽었다.

전쟁의 핍절한 생활 속에서 백인노동자 일가족이 트럭으로 이동하며, 캘리포니아의 포도밭을 전전하며 포도수확을 하는 노동으로 생계를 연명하고 있었다. 이동하는 트럭에는 아기를 출산한 젊은 딸이 동행중이었다. 그러다 노상路上에서 아사餓死 직전의 혼미해진 흑인을 구출한다. 여럿이 끼어 앉아 있는 트럭의 짐칸에서 젊은 여인은 흑인에게 퉁퉁 불은 젖을 물린다. 여인이 희미하게 아주 묘한 미소를 짓는 장면에선 뜨악하여 멍 하니 소설을 읽다 생각에 잠겼다. 상상하기 힘든 '인간애' 혹은 '인류애'의 백미라는데, 얼른 이해하기가 어려웠다. 젊은 백인여자가 낯선 거지같은 흑인을 끌어안고 젖을 물리는 걸 상상이나 할 수 있겠는가. 백인은 흑인을 더러운 짐승처럼 취급할 때였다. 반세기도 전의 소설장면인데, 그 장면은 인도주의의 극치라고 했다.

1960년대가 시작될 때 어머니는, 여자가 되어가는 딸에게 유방과 둔부를 절대 내보이는 게 아니라고 가르쳤다. 젖가슴은 가장 여성적인 아름다움이며 위대한 모성의 표상이니 소중하고 성결하게 보호하라고 했다. 여성 몸의 소중함을 그렇게 배웠다.

브래지어와 속곳을 겹쳐 챙겨 입던 바로 그 시절에, 군산 변두리에 있는 미군부대 아메리카 타운America Town에서 〈Life〉, 〈Playboy〉 같은 잡지가 흘러나왔다. 그 잡지에서 의상, 실내

장식, 살림살이 등을 스크랩하여 과제물을 제출하면 가정선생님께 칭찬을 받았다. 바로 그 잡지들엔 갖가지 멋진 그림과 사진들이 볼만했다. 망망한 지평선을 본 것도, 그 망망한 대지에 말을 타고 우뚝 선 늠름한 서양인을 본 것도 그 잡지에서다. 어느 날, 시선도 손도 멎는 아름다운 사진 한 장을 발견했다.

모나리자의 미소보다 평화롭고 신비한 미소로 눈을 내려뜬 여인이, 부푼 풍선처럼 탱탱하게 부푼 젖가슴에 조물거리는 두 손으로 젖무덤을 잡고 젖꼭지를 물고서 젖을 빠는, 속눈썹이 웃는 아기의 얼굴을 지긋이 내려다보는 사진 한 장! 아기의 어머니가 아무런 부끄러운 표정 없이 풍만한 젖통을 드러내놓은 사진을 천하에 공개한 것이다. 치마말기로 꽁꽁 젖가슴을 동여맨 어머니와 이웃 아주머니들만 보고 자란 어린 소녀는 그 사진을 보는 순간 수줍어졌다. 그러나 그 젖가슴의 사진은 성스러워 보였다. 아기천사에게 생명의 젖을 물리며 그렇게도 평화롭고 신비한 미소를 누가 지을 수 있을까. 내 집에 온 젖어미를 밥을 아니 먹이고 굶겨 보내면 그 집의 기둥뿌리가 운다지 않았던가. 젖을 품은 여성의 젖가슴은 인류애의 표상인 것을 이해했다.

그 뒤에 찬찬히 살펴본 모나리자(=레오나르도 다 빈치의 그림)의 미소는 바로 저 젖엄마의 미소를 꼭 닮아 보였다. 난 눈에

띄는 대로 갓난아기에게 젖을 물리고 있는 여성의 얼굴에 번지는 미소를 관찰하곤 했다. 수박처럼 부푼 가슴 아래 얌전히 포갠 모나리자의 팔뚝 밑엔 만삭의 배꾸리가 치마폭에 싸여 둥시렇게 부풀어있는 게 아닐까. 모나리자는 뱃속 태아의 태동에 미소 짓고 있는 게 아닐까. 나는 그렇게 상상하곤 했다.

여러분은 루벤스의 그림 〈시몬과 페로〉를 보았는가? 그 그림을 처음 보았을 때 섬뜩하게 등줄기에서 소름이 돋았다. 쭈글쭈글 늙고 째진 눈이 섬광을 발하는 남자가 아름다운 젊은 여자에게 안겨 보오얀 젖가슴을 물고 있는 참 형언키 어려운 그림이다. 어떻게 이해할지 몰라 허둥거렸다.

말라비틀어진 늙은 남자 시몬은 아사餓死 형벌刑罰을 받고 수감 중인 중죄인이다. 젊고 아름다운 여인 페로는 시몬의 외동딸로 젖먹이 아기를 둔 어머니다. 페로는 시몬의 임종이 가까웠다는 연락을 받고 감방의 아버지에게 마지막 인사를 하러 갔다. 굶주리다 못해 피골이 상접한 아버지를 본 딸 페로는 아버지를 품에 안고 젖가슴을 풀어 아버지의 입술에 젖을 물린 것이다. 굶주린 아버지는 아기의 본능처럼 딸의 젖을 빨았다. 가장 지혜로운 마지막 효도 아닌가. 바로 이 극치의 사랑을 루벤스가 그린 것이다. 오래오래 침묵하고 사색하게 한 젖가슴이었다.

딸애에게 젖을 물리며 사는 동안 나는 인간애 인류애를 실천하고 구현하는 일이 얼마나 힘든 일인가를 생각했다. 그것은 작은 동정심만이라도 나누며 사는 나로 이끌었다. 불면과 소태 같은 입맛으로 몸은 깡깡 말라갈지라도 젖은 탱탱히 부풀어 젖몸살을 자주 앓았다. 눈을 뜨고 싶지 않을 정도로 저승잠이 쏟아질 때에나 전신이 쑤석쑤석 쑤시고 아플 때에도, 나에게서 세상을 지우고플 때에도 어린 딸애는 엄마의 젖을 물고 순하고 평안했다. 젖을 물고 옹알이하거나 터럭끝만치도 삿됨이 없는 천진무구한 아기의 얼굴을 보라. 무죄한 사람의 얼굴은 바로 그 순간뿐일 것이다.

아기에게 젖을 물리고 있는 여자만큼 평화스럽고 성스러운 인간은 없다.

○○●○○

3부

프리다 칼로여!

프리다 칼로여!

위대한 철학자나 예술가에는, 소위 말하는 정상적인 인생이란 없습니다. 그대는 위대한 예술혼의 화가입니다!

프리다 칼로처럼, 특별히 사회적으로 드러난, 해저처럼 아득하고 난해한 여성의 인생을 쉬이 이해하겠는가. 잡초같이 질기고 수렁같이 삼켜버리려 하는 인생에서 고통과 인내로 살아온 여성은 의외로 많다. 누가 그 중의 한 여성의 인생이라도 완벽하게 포용하는가? 대부분 관심 밖이거나 비난할 뿐, 알아도 혀를 끗끗 차면 그뿐. 힘든 인생일수록 가십은 될지언정 배려도 사랑도 주지 않는 법이다.

인간의 존재함은 한시적인 과정이다. 한 개인의 인생항해는 멀고 험하다. 잔잔해도 망망하여 길을 찾기 어렵고, 어디에 암초가 도사리고 있는지, 언제 폭풍이 몰아쳐 일엽편주를 난파시키거나 침몰시킬지 알 수 없다. 그러나 내일을 모르고 내일의 일을 몰라도 지금 이 시간에 존재하기 위하여 항해해야 하는 게 인생이다.

하물며 난파선 조각판에 의지하여 항해를 이어온 내 삶은 항상 위험으로 가득한, 아니 죽음과 동행하거나 대적하는 과정이었다. 그때마다 나는 프리다 칼로를 생각하고 아가사 크리스티나 까미오 클로델을 떠올렸다. 서양과 대한민국의 인식격차, 서울과 지방의 관념차이를 고려하면, 내가 사는 것은 사방에 벽뿐인 감옥에서 숨을 허덕거리는 거였다. 오직 살아 있기 위하여. 단지 삶의 냄새 속에 존재하기 위하여.

역사와 사회가 올가미 쳐놓은 '여성적인 여자'의 역할은, 세상의 주도권을 쥔 남성권력자들이 다루기 용이하게 한계지어 놓은 속박의 틀이었다. 그 가혹한 굴레를 쓰고서는 신경쇠약에 걸려 그 어떤 여성이라도 '정상적'일 수 없다. 진즉에 깨어난 부모 아래 양육되거나 일부 교육받은 여성들은 스스로 자아의식을 발견하고 표현하고 탐구하는 능력을 고양하는 기쁨을 깨달았다. 여자이기 전에 인간적인 능력을 발견하고 축적한 것이다.

영국의 대시인 바이런의 딸 에이다는 컴퓨터 영역의 훌륭한 개척자로, 컴퓨터 프로그램 언어 'ADA'는 바로 그녀의 이름에서 따서 명명되었다. 마담 큐리는 그의 조국에 노벨화학상을 안긴 화학자로 끊임없는 탐구를 즐거워한 위대한 여성이다. '자기를 산' 존재들이다.

프리다 칼로는 육체의 고통고난을 시시포스의 등짐처럼 지고 살았다. 그의 예술작품보다 침대를 먼저 떠오르게 하는 여자. 아름답게 성숙한 여자라기보다 이상한 동물처럼 섬뜩한 여자. 미간이 없이 비상하는 갈매기 날개 같은 짙은 눈썹 아래 이글이글한 안광. 그 아래 콧구멍에선 검은 코털이 뾰조록이 나오고 가슴은 두 개의 부푼 풍선처럼 풍만하다. 그녀, 하면 그 이상야릇한 얼굴과 빵 터질 듯한 가슴이 후딱 떠오른다.

그러나 그의 두뇌는 명석하고 아름다웠다. 그는 공산주의 소련의 영도자 스탈린, 사회주의자 칼 마르크스, '엥겔의 법칙'의 엥겔스, 중국의 신화적 인물 마오쩌뚱을 신처럼 사랑했다. 그리고 20년간 인생의 동반자로 선택한, 거한의 배불뚝이 디에고 리베라는 상상하기 어려운 그녀의 사랑이었다. 그는 칼로의 피난처요 고통의 형틀이며 또한 그녀가 엎드려 간구하는 제단이 되는 남자였으니까! 리베라는 사회주의 리얼리

즘의 화가였다.

디에고 리베라가 들랑거리는 꼬요아깐의 파란 집(프리다 칼로가 죽은 뒤 리베라가 미술관으로 개조함)에서 천장에 거울을 달아두고 자신을 대상對象처럼 관찰하며 그림을 그린 여자 프리다 칼로. 그는 몸이 아픈 만큼 정직했다.

1925년, 그는 겨우 열여덟 살에 교통사고를 당해 만신창이가 되었다. 대퇴골, 갈비뼈, 다리는 박살나고 척추가 세 도막으로 끊어졌다. 복부엔 구멍이 나고 피범벅이었다.(글을 쓰는데 그녀의 고통에 눈물이 배어나온다.) 2년간 여러 차례 대수술을 견뎌낸 그녀의 힘은 무엇일까? 산 목숨의 자생력일까? 오직 살아야 한다는, 그녀의 신념이었을까?

그때부터 그녀는 붓을 거머쥐었다. 혹독한 불행 혹은 운명에서 탈출하는 그의 방법이었다. 처참하고 무시무시한 육체 고통과 수시로 달려드는 죽음의 그림자는 평생의 동반자였다. 시시포스가 등짐을 부리듯이 고통을 벗는 붓질을 했다. 인간은 살아남으려면, 고통을 겪어내고 견뎌내야 하는 것이다! 그녀는 고통에 익숙해지고 고통과 어울려 사는 법을 터득한, 신 같은 존재다! 그녀는 하나님을 결코 믿지 않았다.

그녀는 혼혈인디오의 딸답게 풍성한 인디오 드레스를 입고 커다란 보석이나 고운 색깔의 꽃이나 색실로 치장한 모습만 보였다. 어쩌면 천정거울을 화면 삼아 그녀자신을 최고의 예술작품처럼 표현한 건지도 모른다. 공포나 다름없는 육체고통을 덮는 그 아름다운 장식이여! 뭐니뭐니해도 그녀의 '고난 승리'가 가장 절박하고 심미한 작품 아니겠는가. 프리다 칼로의 사진을 바라보니 목울대가 불룩거린다.

쇠와 가죽과 석고로 제조한 보정기구와 의료기구를 20kg씩 부착하고 살려니 얼마나 힘들었을까. 두터운 백프레스를 입고 산 나의 고통 정도는 정말이지 암것도 아니다! 하루 한 병의 꼬냑과 마약은 그녀를 위로하는 친구였다. 양성兩性의 정부情夫 정인情人들은 환각제였다. 고통과의 싸움이 그를 거듭 살게 할 뿐이며, 그렇게 지독하고 믿을 수 없는 고통의 나날을 살아 넘으면서 그는 저절로 초현실주의자가 되었다. 그는 단한번도 초현실주의라는 화풍이나 이념을 지향한 적이 없는데도.

오직 자신을, 아니 자신의 고통을 극복하기 위하여 그림을 그리고, 기꺼이 그리고 열렬히 사람들을 사랑한 프리다 칼로. 그는 자신의 종언을 예견했을까.

1953년 4월. 멕시코에서 첫 전시회를 개최했다. 자기는 파란 집에 누워 있으면서, 남들끼리 자기 전시회를 하게 할 칼로가 아니다. 전시장 한가운데에 커튼을 드리운 침대를 설치하고 앰뷸런스로 화가 프리다 칼로를 데려왔다. 이미 알콜과 약물에 혼미하게 취한 그녀는 침대에 눕혀졌다. 그녀는, 어쨌거나, 장신구가 화려하게 장식된 손에 차례차례 작별인사를 받았다. 그녀 자신이 가장 극적이라는 전시작품이며, 그녀의 임종이 누구도 모방할 수 없는, 가장 진실한 퍼포먼스예술이 된 것이다. 그리고 전시장에서 영면永眠으로 떠나갔다. 위대한 프리다 칼로여!

프리다 칼로. 한 마리 수리부엉이 같은 얼굴의 여성화가. 육체의 살점을 조각조각 찢어발기고 수천 개의 바늘로 찔러대며 뼈 마디마디를 토막토막 가르는 통증처럼 공포스런 악마가 어디 있을까! 그는 그 악마의 생지옥을 날마다 뛰어넘고 이겨내며 그 생목숨을 24년간이나 지속했다. 그는 그 자신의 목숨을 날마다 재창조한 위대한 영혼이다!

프리다 칼로여!

그대는 살아서 생지옥을 견디며 목숨을 재창조하고 예술을 창작한 위대한 여성이다. 진실로 스스로 예술이 된 특별한 인간이다.

세 번째 찾아간 〈프리다 칼로 초대전〉. 나는 그의 그림 앞에서 절망과 고통의 힘을 읽는다. 나는 그의 그림 앞에서 신의 침묵과 냉정을 통감한다. 나는 그의 그림 앞에서 생의 고난이 예비豫備된 것처럼 극복도 예비된 것임을 절감한다.

인생의 끝순간까지 고난과 싸우며 살아야겠다.

난 항상 너를, 너를, 그리고 너를 사랑할게

팬=Fan. 광신자狂信者=fanatic의 줄임말.

어렸을 적부터 항상 나는 누군가의 팬이었다. '이리성결교회'의 유년주일학교에 다니며 아바지선생님(북한출신인데 아버지를 아바지로 불렀으므로)의 팬이었고, 초등학생 땐 매일 만나게 되는 '희망원(거지보호소)아저씨'의 팬이었다. 그들은 동화책부재시대의 동화구연가인 셈이었다.

중학생도 되기 전에, 당시 대학에 다니던 막내고모와 큰언니 덕에 팝뮤직과 오페라 가락을 익숙하게 불렀다. 흑인영가의 일인자인 마리안 앤더슨, 흑인인권운동가이며 가스펠송의 여왕인 마할리아 잭슨, 열세 살 때 영어를 제대로 해석하며 배운 〈Too young〉의 냇 킹 콜. 그리고 허비 핸콕과 루이 암스트롱은 재즈에 반하게 했다. 흑인인 그들의 목소리와 음악은 신뢰가 가게 묵직하고 부드럽고 슬펐다. 그 음색은 기도하는 내 영혼을 어루만지는 듯했다.

그 열광을 깬 백인 팝송 가수가 바로 엘비스 프레슬리였다. 재즈를 백인의 방식으로 변화시켜, 빨라지는 시대속도처럼 조금 빠른 4분의 4박자의 가창과 몸짓을 들고 일어섰다. 여고생이 되자 그의 〈Are you lonesome tonight?〉에 빠져 입술에 달고 살았고, 아가씨가 되자마자 세상에나, 〈Love me tender〉가 세상을 뒤흔들었다. 우리는 감히 연애하기도 두려운 시대였는데, 사랑의 감미로움을 노래하는 노래에 빠졌다. 그의 목소리가 울리면 마치 순한 양인 듯 부러워지고 그가 나의 몸을 다정히 안아주는 듯 착해졌다. 그의 별칭은 '로큰롤의 황제'였다. 어쩌다 길을 가다 전축이나 트랜지스터에서 그의 노래가 들리면 그 자리에 우뚝 서서 들었다.

그때 20세기의 지성知性 아도르노의 말 "세계2차대전쟁 후에 무슨 시가 쓰이겠는가?"에 귀를 기울였다. 인간의 잔혹성, 무사유성을 뼈저리게 목격 목도한 아도르노는, 일종의 팬덤Fandom 의식 곧 무작정 팬의식을 폄하했다. 그러나 나는 음악 곧 작곡가와 가수, 음악가, 영화인의 열렬한 팬노릇을 전전했다.

그들의 음률, 어휘, 의식, 사상은 나의 내면에 스며들어 쌓이고 다져졌다. 무엇이 나를 만드는가? 어떻게 형성해주는가? 질문을 하면, 스승은 처처에 태양처럼 떠 있거나 밤이슬처럼 촉촉이 내리곤 했다. 어린 심중과 두뇌는 이슬비에 서서히 젖어드는 옷자락처럼 빨아들였다. 음악은 얼마나 좋은 친구이며 얼마나 뿌리 깊은 스승인가. 젊은이들이 로큰롤에 환호하자 백인가수들의 전성시대가 흐드러지고 프레슬리는 나의 이십대 내내 세계 최고봉의 로큰롤가수였다. 어지간히 그들의 콘서트와 영화에 들랑거리며 박수 치며 환호성을 질러댔다. 젊은 열정을 그렇게 날렸다.

1980년대의 시작, 나의 딸애가 중학생이 될 무렵. 다시 흑인가수가 세계의 젊은이 가슴을 진동시켰으니, 바로 문워크=Moon-walk의 마이클 잭슨의 등장이었다. 이미 TV가 세계의 연예인을 중계방송할 때였으니 외국연예인에 대한 청소년팬이 폭증하기 시작할 때였다. 그 덕에 문워크를 함께 추며 〈You are not alone〉을 불러댔다. 그때 등장한 세기적이고 세계적인 여성흑인가수가 휘트니 휴스턴Whitney Houston! 백인우월주의와 흑인멸시가 뿌리 깊은 미국사회에서 빌보드차트를 20주나 석권했다. 신은 음악의 혼과 목소리를 역시 흑인에게 선사했다. 휘트니의 노래는 흑백황인종에 관계없이 세계인의 심장을 흔들었다.

이런 얘기를 왜 하고 있을까? 아아, 전주에서도 상영하기를 기다리고 기다린 영화 〈휘트니〉를 감상하며 눈시울과 감회의 심정이 뜨겁기 때문이다. 세월은 늘 무상無常하다. 그러나 기억하고 추억하는 사람에겐 그리움이 지구만 하다.

팝뮤직을 함께 듣고 부르던 딸이 유학을 떠나면서부터 나는, 에디 피셔 전축과 각종 음반, 피아노를 남들에게 선물했다. 그리곤 가장 간편한 테이프를 이용하여 음악을 들었다. 어느새 새 음반과 테이프를 사들이지 않고 서서히 나이만큼 비우기 시작한 것이다. FM라디오의 채널이 불어나고 해설 붙은 클래식음악이 쏟아지자 눈을 뜨면 라디오FM을 주로 켰다. “역시 음악은 클래식이야!”를 연발하며 그 광활하고 아름답고 경쾌하고 슬픈 선율에 룰루랄라 짜자쭈주 입연주를 했다. 또 과거의 음악, 내 젊은 날 음악이 익숙하고 그리워, 오후 6시면 ‘배철수의 음악캠프’의 팝뮤직을 애청했다.

팝뮤직의 클래식이랄까. 세계적인 팝 디바Pop Diva 휘트니 휴스턴은 내 젊음의 끝자락에 여러모로 감동과 추억을 준 흑인여성가수다. 그의 가족문제, 결혼문제, 사회적 문제를 말하려는 게 아니다. 어차피 그는 이미 작고作故한 가수고 흑백차별은 미국의 치부이지 우리 사회의 문제는 아니다. 오직 어깨 무겁고 심장 졸아들던 내 중장년을 속 시원히 노래할 수 있게 한 그 노래 때문이다. 〈I love nothing〉의 폭발적 성량은 깊고

높아서 하늘을 뚫을 듯이 시원하고 쫄깃해서 두 손을 모우며 듣곤 했다. 아, 영화 〈The Bodyguard〉의 OST로 세계애청자들의 심금을 울린 〈I will always love you〉! 게다가 미국영화 역사상 '백인배우(캐빈 코스트너)에게 최초로 키스를 한 흑인여배우'라 했다. 그때에 우리의 심장을 터트릴 듯, 영화관 천장을 뚫을 듯이 울려 퍼지던 휘트니의 노래하는 목소리! 나는 그 모습을 다시 보고, 그 노래를 다시 듣고 싶었다. 그리고 그랬다.

영화 〈휘트니〉에서 마지막 장면은 역시 〈I will always love you〉를 열창하는 휘트니의 모습이다. 넬슨 만델라의 어깨에 기대어 눈물을 터뜨린 후, 요하네스 한복판에서 노래를 불렀다. 휘트니는 검지를 편 주먹으로 수만 명 흑인청중의 여기, 저기, 조기를 가리키며 "…… always love you, and love you, and love you……"를 당당하고 신비하고 환한 음색으로 부르는데, 영화관 객석에 두 손을 모아 가슴에 대고 앉아 있는 나를 가리키기도 했다……. 눈물이 사르르 배어났다. 그가 아프게 살아서, 유명해서, 마약중독자라서, 죽어서도 아니었다. 그는 영영 갔어도, 그가 노래한 〈I will always love you〉가 내 늙은 가슴을 톡 톡 톡 두들긴 것이다.

그렇다! 휘트니의 노랫말과 노래하는 가슴으로, 나는, 살아 있는 마지막 날까지 항상 '너를, 너를, 그리고 너를…….' 사랑할 것이다!

모리코네의 영화음악 같은

나는 해마다 '아카데미 시상식'을 TV로 시청한다. 거진 반세기 넘게 열렬한 관심을 갖고 시청했다고 할까. 그때 딸애는 영화에 대한 갖가지 견해와 감상을 주고받을 수 있는 동료구실을 한다.

시상식 때마다 나에게 가장 감동을 주는 것은 수상자들의 명언명구다. 물론 최고영화상, 남우연기상, 여우주연상, 감독상 수상자들의 수상소감에서 쏟아졌다. 한국의 대종상, 백상예술상 등에서 줄줄이 읊어대는 '하나님께 영광'이나 '아무개 아무개에게 감사 운운'을 숨가쁘게 나열하는 것과는 딴판이었다. 적어도 세계관이랄까 예술관이랄까, 철학과 사유가 있는 수상소감을 들으면 그들은 확실히 예술가들이다.

폐일언하고. 2015년 2월 29일, 제88회 아카데미시상식을 즐거이 기억할 것 같다. 리어나도 디캐프리오(내내 '레오날도 디카프리오'라고 불렀다.)의 수상소감 때문이다. 그저 천재적인 연기를 하는 미국의 갑부 배우로만 알았던 리어나도가 지구환경을 염려하는, 의식 있는 사람인 것을 확 느끼는 순간, 나는 TV속 그를 향해 박수를 보냈다. "기후변화는 현실입니다. 우리 모두 대자연을 당연하게 생각하지 말아야 합니다. 그처럼 나도 이 순간을 당연하게 여기지 않겠습니다." 이런 멋진 사고방식과 의식의 수상문을 듣는 맛에 아카데미시상식을 기다려 시청한다고 해도 무리는 아니다.

그런데 88회 시상식에서 더 감동적인 일이 생겼다. 영화음악의 귀재 엔리오 모리코네(1928년, 이탈리아 로마에서 출생)가 바로 88회 아카데미음악상을 수상한 것이다. 독특한 감독 쿠엔틴 타란티노의 〈헤이트풀 8〉의 영화음악 작곡으로 수상한 것이다. 자그마치 88세의 나이에 말이다. 엔리오 모리코네가 한 마리 노학老鶴의 발성을 한 것일까. 기립박수를 치지 않을 수 없었다.

오랜 세월 영화음악에 바친 공로상이 아니다. 오직 그 영화를 가장 잘 대변하는, 가장 완성적이게 하는 음악언어로 인정한 것이다. 새 시대 새 영화에 가장 효과적인 리듬언어인 영화음악을 작곡하여 음악상을 수상한 것이다. 참으로 감동적이었다.

앤리오 모리코네. 내가 관람한 여러 편의 영화 속의 음악으로 내 감성과 영혼을 흔들어준 음악가. 아니, 세계의 영화팬들의 심금을 건드려 음악의 맛과 추억과 환상을 심어준 예술가다.

대학시절에 친구들과 떼뭉쳐 가서 관람한 〈황야의 무법자〉는 서부영화의 매력을 우리에게 안겨주었다. 그야말로 정의의 법으로 악인을 물리치고도, 석양에 그림자 길게 늘이며 말을 타고 정처 없이 떠나가는 서부의 남자에게 애련哀戀을 느끼게 하던 음악! 휘파람소리에 담긴 정의롭고 고독하고 쓸쓸한 엔리오 모리코네의 선율은 우리로 하여금 해 질 녘만 되면 콧노래를 흥얼거리게 했다. 음악언어는 문학언어보다 가슴을 흔들어대곤 했다.

아아, 〈미션〉. 어린 딸애조차 영화음악을 흥얼거리게 만든 영화. 천진무구하고 죄를 모르는 원주민들과, 천국의 배경 같은 깊은 숲과, 천상의 향기를 풍겨낼 것 같은 하이얀 폭포. 그 사이를 금관악기 오보에 가락이 얼마나 환상적이었던가. 넬레 판타지아! 한 소절의 멜로디만으로도 성결해지지 않는가.

〈러브 어페어〉. 대학생이 된 딸과 함께 관람하면서, 또다시 연애시절의 청춘으로 되돌아가보고 싶었다. 꿈꾸는 듯한 눈을 가진, 청춘시절의 우상 워렌 비티와 아네트 베닝이 사랑에 빠지다니. 그리고 102층 엠파이어스테이트 빌딩 전망대에서 만나자는 약속을 할 때의 긴 생각 속에 감미로이 흐르던 음악. 어찌 누구라도 낭만적인 사랑을 꿈꿔보지 않을 수 있으랴.

이 모든 영화의 배경에는 아름답고 환상적인 엔리오 모리코네의 음악이 있었다.

그리고 2015년. 아카데미 시상식 무대에서 미수米壽의 백발 노인 모리코네는 잠시 고개를 숙이고 눈물을 비쳤다. 그는 20세기의 영화계에서 영화음악의 영웅 같은 대우를 받았다. 그리고 어느덧 88세. 천진한 노동老童의 영혼이 된 것일까. 그는 21세기 현대세계인의 영혼을 쓰다듬고 심금心琴을 울려주었다.

나는 새 꿈을 꾸어본다. 나도 무르익은 노학老鶴이 되어 미수米壽에, 엔리오 모리코네의 영화음악만 한 수필을 써서 당당한 수필문학상을 받을 수 있을까?

나를 바운스bounce하게 해

'우리 세대=50~60대의 오빠' 조용필의 가요 〈헬로Hello〉가 떠오른다.

조용필! 어둡고 칙칙한 새댁시절의 나에게 위로를 준 가왕歌王 조용필. 생활의 굽이굽이를 그의 노래와 함께 돌고 돌았다.

1970년대, 조용필은 〈돌아와요 부산항〉으로 한국인의 심금을 울렸다. 미취학 조카들은 "~~~오륙도 돌아가는 연락선마다~"를 끝내지 못해서 울상이 되고, 그게 희한해서 어른들은 목젖을 보이며 웃었다. 그 노래는 일본민중에게도 열광적인 인기였다.

1982년, "기도하는~~~" 그가 노래를 시작하면 젊은 애청자들은 "끼악!" 비명을 지르거나 "오빠!" 하고 리듬을 타며 왜장쳤다. 라디오를 크게 울려놓고 설거지를 하다가도 청소를 하다가도 "오빠아아!"를 목놓아 불렀다. 텁텁하고 답답하게 고여 있는 가슴속을 시원히 토하는 셈이었다. 그 노래제목은 〈비련〉이고 대리구토였다. 나는 조용필의 촌스런 몸짓을 마이클 잭슨의 환상적인 문 워크moon walk보다 좋아했다. 그의 목청은 조선인의 애간장 끓는 목소리 아닌가.

2014년. 그 좋은 봄날이 화창하고 거리마다 벚꽃이 화사한 날. 세상의 때에 낡은 사람이 낡아빠진 회억에 젖어 금산사 춘경春景을 맞으러 나갔다. 고불고불 벚꽃 만개한 길을 오르는데 어머나, 오랜만에, 조용필의 새 노래가 들려왔다. 바운스bounce(=튀어오르다)라니! 64세 초로의 조용필이 노래하기를 bounce(=되돌아오다)라니! 바운스, 바운스라니! 화들짝 정신이 들었다. 세상일에 문 잠가진 내 가슴을 톡톡 두드리는 거 같았다. 그가 10년의 공백기 후에 '60대청춘'으로 되돌아왔다. 19집 앨범 〈헬로Hello〉를 들고.

헬로, 헬로! 인생이 다아 저물었다고 생각하는, 이순 넘은 나를 흔들었다. "헬로? 헬로!" 부르며.

그는 연예계 사람. 젊다 못해 아이돌세대가 대세인 우리나라 가요계에 귀환=bounce한 그는 혁명가 같다. "나를 탈피하고 싶었다."는 그의 생경한 말이 나를 흔들었다. 그렇다. 인생의 '오늘'을 살고 싶고 '내일'을 기다리는 사람은 과거의 묵은 자기를 벗어나야 한다. 묵은내가 나고 때가 낀 생각을 벗어야 한다. 사람은 날마다 해마다 거듭날 수 있는 것이다. 아자아자.

그 노래는, 탱탱한 공을 바닥으로 내려치고, 공이 되튀어 오르면 또 내려치며 "삼천리 강산에 동박삭이가/ 생명에 의지하여 꿈을 꾸었네!" 라고 노래하며 공놀이하던 때를 생각게 했다.

그나 나나 한국전쟁의 난세 속에 태어나 젖배 곯며 자랐다. 보릿고개를 벗고자 산업화를 시도하고, 일제치하의 숨죽인 생활도 억울한데 살얼음 딛는 듯한 군사정권치하를 벗고자 민주화운동을 끊이지 않을 때 청춘을 지났다. 자원 없고 자본 없는 사람은 공부해야 산다며 교육열의 격변을 겪으며 살아온, 현재에 소위 노령에 든 세대다. 시쳇말로 늙은 세대인 그가 팝뮤직에 새로운 도전, 변화의 희망을 보인 것이다.

나도 글쓰기에 바운스 바운스하고 싶다. 구태의연한 시쓰기 수필쓰기를 벗어나고 싶다. 오늘의 나는 이미 과거의 내가 아니다. 21세기 오늘의 세상은 20세기의 묵은 세상이 아니잖은가. 조용필처럼 이 시대를 이해하고 실험하며 바운스하고 싶다. 젊은 고뇌와 열정으로 바운스하고 싶다.

대중예술이 변하고, 대중예술가들이 변하려고 노력하고, 실험하고, 혁신하고 있다. 조용필의 20대~40대의 노래를 내

가슴속 설화를 풀어내듯 동병상련同病相憐하며 열창하며 살았다. '창밖의 여자, 못 찾겠다 꾀꼬리, 촛불, 한오백년, 친구여, 허공……' 수없이 많다. 조용필의 18집까지의 인기가요를 대리발현 삼아 목청껏 노래 부르던 내 청장년시절을 추억한다.

〈Bounce〉
그대가 돌아서면 두 눈이 마주칠까
심장이 바운스 바운스 두근대 들킬까 봐 겁나
한참을 망설이다 용기를 내
밤새워 준비한 순애보 고백해도 될까
처음 본 순간부터 네 모습이
내 가슴 울렁이게 만들었어
Baby, you're my trampoline
You make me bounce, bounce

수많은 인연과 바꾼 너인 걸
사랑이 남긴 상처들도 감싸줄게
어쩌면 우린 벌써 알고 있어
그토록 찾아 헤맨 사랑의 꿈
외롭게만 하는 걸
You make me bounce, You make me bounce

나는 패러디하여 내 감정 내 생각대로 쫑알쫑알 흥얼거린다. 조용필은 역시 '끼악'이다.

새로운 생각이 떠오르면 두근두근
이렇게 쓸까 저렇게 쓸까 두근두근
젊은 날의 사랑과 열정에게로 bounce, bounce!
아프던 옛 기억이 울컥 되돌아와도
그것은 고해인생의 과정일 뿐
고해의 번민과 고뇌에게로 바운스 바운스!

살아갈 날들이 언제 멎을지 몰라
기다려도 다시는 안 올지도 몰라
다르게 글을 써 보자 바운스 바운스
다르게 살아 보자 바운스 바운스
바로 지금, 가장 싱싱한 오늘 바운스 바운스!

노령老齡의 젊은 가수 조용필이 "헬로 헬로!~~" 나를 불러 깨운다. 조용필 '오빠'가 "바운스 바운스~~" 살아있는 동안 생각을 죽이지 말고 톡톡 튀어 오르라고, 나를 향해 소리친다. 뒷방의 노인처럼 시들어가지 말고 열정과 고뇌를 두려워하지 말고, 기운 차려 회복하라고 격려한다. 사회의 변방에서 오그라들지 말고 생의 한가운데 서서 투쟁하라고 노래한다.

조용필의 노래를 사랑하고 애창하며, 감정을 대리표현하던 젊은 날이 눈물 나게 그립다. 나는 오늘도 그의 노래를 들을 수 있는 귀가 있어 다행하다.

나는 흥얼거린다. 바운스 바운스! 바운스 바운스!

걸어다니는 판토마임
– 마임이스트 최경식

2018년 그의 크리스마스는, 훅훅 땀나는 한여름이다. 판토마임이스트인 그는 빈곤하고 맑고 순수한 캄보디아 아이들과 온몸으로 사랑을 소통하고 있는 중이다. 복 있을 진저!

생각나면 보고프고, 몹시 보고프면 소식이 뚫린다. 성탄절이 다가오니 그가 자꾸 생각나더니 소식이 왔다. 수십 명 아이들과 함께 한글과 몸짓언어인 판토마임을 공부한 결과를 시험보고 종업식을 한단다. 옳거니! 때가 절로 왔다. 그에게 작은 선물을 보낼 적시다. 올해엔 그들에게 산타클로스가 될

참이다. 즐겁다.

"선생님, 성금을 조금 줄여주셔요. 추운 겨울날에 시내버스 타지 마시고, 택시 타고 다니셔요!" 그로부터 카톡으로 최고로 사랑스런 편지를, 나는 성탄절선물로 받았다. 그가 바로, 멋지고 신심 깊은 최경식 마임이스트다.

나는 먼 지난날로 잠시 돌아간다. 어린 소녀가 큰언니 손을 잡고 따라가 극장에서 관람한 마임영화 〈인간극장〉은 프랑스인 마르셀 마르소의 결정판이었다. 마르소는 〈BIP판토마임〉으로 이미 판토마임의 고전을 창조했다. 그 한참 후에야 그의 명망은 한국에서도 드높아졌다. 한국이 경제적으로 먹고 살 만해지자 1990년대엔 한국을 찾아와 공연하기도 했다. 바로 이 내한공연이 최경식을 매료시켰다. 마르소는 2007년 초가을 타계하기 전에, 전주 '한국소리문화의전당'에서 공연했다. 마르소가 떠나기 전에 평생 갈 길을 결정 결심한 그 마임이스트가 바로 한국마임의 거목인 최경식 씨다.

그는 전북의 극단 '황토'의 배우로서 활동하다가 1996년에 〈달란트 연극마을〉을 창단했다. 오직 판토마임을 적극적이고 전문적으로 성장시키기 위해서였다. 그는 어디에건 마임이스트로 섰다. 신기한 것은 공연장에 가득한 유치원 아동과 관객들은 그의 마임극과 풍선놀이, 그림자놀이에 신나게 웃으며 말 한마디 없는 마임공연의 의미를 이해하는 일이었다. 그러나 스마트 폰에까지 세계의 공연예술이 홍수 지는 상황에서, 그는 외롭고 고단한 길을 걸어가는 예술가일 수밖에 없다. 현대공연예술가의 비애일지도 모른다.

2006년. 그가 마임동화 〈아낌없이 주는 나무〉를 제작한 후에 우리는 가까워졌다. 전주mbc의 윤승희 아나운서가 진행하는 '전주mbc여성시대' 라디오프로그램에서 우리는 진행을 함께 하기도 하고, 그의 여러 공연에 나는 '자작시 낭송'으로 몇 꼭지씩 참여했다. 정읍시 소재 전통한옥의 마당공연인 '다유락 공연'에선 서승아의 '부토' 공연과 함께, 관객들과 한마음 되어 어우러지곤 했다. 그는 신실한 기독교인인데 자기가 할 수 있는 것으로 사랑을 전도하는 종교심을 품고 산다. 나는 열악한 작은 교회의 동네신도들이나 장애우들, 환우들을 위한 마임공연에도 둘러리로 따라다니기도 했다.

해마다 연말 즈음이면 그는 마임의 진정한 스승인 마르셀 마르소 원작인 〈가면 만드는 사람〉, 〈인생〉 등과 자작인 〈다윗과 골리앗〉, 〈천지창조〉, 〈외출준비〉 등등의 공연으로 관객들에게 즐거움과 웃음, 이웃사랑을 선사했다. 그는 온몸으로 사랑의 환희를 관객에게 드리는 것이다.

전주사람인 그가 충청도의 장애우를 위해 봉사공연을 떠나던 날. 나는 땡볕과 폭우가 오가는 날씨 속에서 20여 명 출연

진과 마임도구와 무대설치물과 더불어 청주로 떠났다. 나는 관람객으로 앉아 놀라운 경험을 했다. 거기 모인 관객 혹은 청중은 꺾인 꽃, 시드는 꽃, 아픈 꽃, 꽃잎이 찢어진 꽃들이었다! 나는 그런 '사람꽃들'을 보고 가슴깊이 편견에 젖어 있던 나를 두드려 깨웠다. 언어장애와 요지가지 신체장애를 가진 친구들을 위한 공연! 백여 명 관객들은 말 한마디 하지 않는 그와 단원들의 마임공연을 참으로 잘 이해하여 즐거워하거나 슬퍼하는 것을 목격하고 내 눈시울이 뜨끈해졌다. 말 한마디 없이, 백분을 바른 그의 얼굴의 표정과 온몸으로 하는 대화는 만인공통어가 되어 그 자리 모두에게 소통되었다. 일그러진 얼굴, 불편한 몸짓일지라도 연꽃처럼 환히 피어나는 그들의 웃음과 박수는 향기로운 말씀이었다.

그를 안 지 20년. 그에 대해 한 꼭지 멋지게 남기고 싶어도, 그의 마임처럼 심도 있게 진심이 밴 사랑이 풍기는 수필을 쓸 자신이 없어 미루었다.

그가 화이트페이스(유성안료인 하얀 화운데이션을 바른 얼굴)에 빨간 립스틱을 두텁게 그리고 나타나면 그는 천의 얼굴을 연출하는 주인공이 된다. 최경식은 사라지고 마임의 주인공만 살아난다. 그의 판토마임을 감상하는 동안 어느덧 관람객은 신비에 빠지곤 한다. 그는 어떻게 저 백토의 얼굴로 기쁨 고뇌 슬픔 아픔 환희 꿈을, 아니 삶사랑을 그리는 것일까. 흰옷을 깔끔하게 입은 늘씬한 몸으로 군더더기 없는 진솔한 '몸글'을 쓰고 있다. 생활의 이야기를 쓴다. 관객은 그의 표정과 손짓 몸짓에 따라 어휘를 떠올려 문장을 지으며 이해하는 것이다. 마임을 공연하는 최경식의 소리 안 나는 웃음은 이 세상에서 가장 맑고 크고 환하다. 그는 티끌 없는 마음과 사랑을 저절로 몸에 이식한 사람 같다. 그가 삿되어선 마임은 이뤄질 수 없는 것이다.

그는 자주 소원을 말하곤 했다. 나 혹은 우리보다 가난한 사람들, 문화의 소외지역 사람들을 위해 마임을 가르쳐주고 싶다고. 마임으로 그들의 닫혀있는 마음과 생각을 끌어내어 서로 소통하고 사랑할 수 있게 하고 싶다고. 그 오랜 꿈을 실현하기 위해 그는 한글교육자의 자격을 얻고 훈련한 후, 빈자의 나라 캄보디아로 천사처럼 날아갔다. 마임과 한글의 교육 프로그램을 들고, 무엇보다도 인류애의 사랑을 품고 교육선교자로 떠났다.

그에게서는 무궁한 예술혼이 피어났다. 그와 라디오방송을 함께 진행했을 뿐만 아니라 무대공연도 3년간 함께했다. 전주국악관현악단 단장 신용문 대금명인에게 내 목소리를 소개한 연출자가 바로 그다. 신용문 악단지휘자는 내레이션을 하는 내 목소리를 솔로악기처럼 아낌없이 애청해주었다. 무대예술의 종합 공연 〈어머니 칸타타〉와 〈아버지 칸타타〉. 국악관현악단, 소프라노와 테너, 소리꾼, 현대무용과 고전무용, 연극인, 스크린과 함께하는 공연에서, 나는 시극의 내용을 관객들이 쉽게 이해하도록 군데군데 읊어주는 역할로 선택되었다. 악단의 연주에 맞춰 극의 내용을 시처럼 편지처럼 낭독하는 내레이터로 출연한 것이다. 현대적으로 발전한 종합음악극을 최경식 씨가 연출하면서 무대에 선 것이다. 우리의 어머니의 일생 면면을 낭독하면서 관객도 나도 함께 울먹이곤 했다. 묵은 세대의 아버지를 표상하는, 가난과 싸우며 시들어가는 아버지를 그릴 땐 서럽기도 했다. 공연자들의 도시 전주에선 여러 차례, 속초, 원주, 서울, 광주, 진도, 남원 등지에서도 공연했다. 나는 최경씩 씨의 백분 바른 얼굴의 미소처럼 목소리연기를 한 것이다. 벌써 한 세월 전, 그때의 열정 감성과 심장시술 이전의 목소리가 그립다.

그에 관한 짧은 글 한 편 쓰기 위해 참 오랜 시간을 보냈다. 그가 신실한 예술가며 사유하는 공연가요 신심으로 살아가는 종교인이기 때문이다. 그는 톨스토이의 〈사람은 무엇으로 사는가?〉를 빌어 마임동화 〈What?〉을 완성했다. 짝짝짝! 판토마임은 테크닉이 아니라 진실로 마음으로 연기하는 예술이다. 무언의 몸짓연극. 일종의 무언설법. 한마디 '말이 없는 말'

을 하고 싶고, 듣고 싶다. 인간에 대한 사랑만이 독해할 수 있을 것이다.

나는 꿈꾼다. 젖먹이 아기를 기르는 어머니처럼 눈빛만으로도 이해 소통할 수 있는 너와 내가 되고 싶다고. 날마다 문밖에 나서면 거리거리에서 마임을 보고 듣는다.

타락하고 추락한 언어의 시대

세상은, 세계는 나날이 다달이 변화하고 있다. 변화의 속도는 점점 빨라지고 변화양상은 미처 인식하지도 못하고 채 따라갈 수가 없다. 20세기에는 인류역사동안 19세기까지 변화한 것을 1세기에 따라잡았다. 이젠 10년이면 두 배만큼 지식정보가 늘어나고 발전 변화한다고 예측한다.

그러한 변화 중에 걷잡을 수 없는 것은 어디로 튈지 모르는 인간성의 변화다. 현대인에게 가장 충격적인 변화는 불특정한 증오범죄, 종잡을 수 없는 몰인격범죄, 원인 없는 무차별적 범죄의 증가다. 사람이 무서워지고 이웃사촌이 멀어지다 못해, 이기심만 남은 현대인에겐 혈연 가족도 남남이나 마찬가지다. 빌어먹을 세상이다.

옛말 하면 무엇 하느냐고 하지만, 옛사람엔 참다운 스승이 많았다. 성현이나 저명한 사상가나 저작가들은 지성과 인생의 풋대고 인간성의 지킴이였다. 독자와 대중에게 그들은 스승이었다. 그런 후 세계1차대전과 2차대전을 겪은 20세기 후반에, 자크 데리다, 미셸 푸코, 자크 라캉 등등 포스트모더니즘의 주인공들이 내세운 메시지는 "진리는 없다."였다. 곧 패스티쉬pastiche가 모방이라는 미명하에 성행하였다. 여러 분야에서 '짝퉁'이라는 이름으로 자기 인격이나 작가정신을 날려버린 예술과 상품이 날아다니기 시작했다. 짝퉁은 소위 대중의 허영심과 욕망을 쉽게, 아무런 죄의식이나 부끄러움 없이 오히려 즐기게 되었다.

이유 없이 이유도 모른 채 낯선 타인을 죽이고 죽어야 하는 전쟁은 지성인의 지각知覺을 바꿔버린 것이다. 인간에게 전쟁처럼 무자비하고 신적神的인 형벌이 어디 있는가! 전쟁의 살상과 핍절은 인생의 극단적인 상황을 목격하는 니힐리즘과 오직 자기가 살기 위한 나르시시즘을 낳았다. 인류애가 무엇이랴. 인간은 모두 이기적인 존재다. 자기 목숨과 자기 인생이 최우선인 것이다. 점점 이기적인 인간성은 거칠어지고 타인을 함부로 대하였다. 종교도 이기적이긴 마찬가지다.

'인간은 인간적이어야 하고 인류애를 발현해야 인간이다.'

라거나 '사람은 사람답게 살아야 사람이다.'는 나의 굳은 신념에도 망치질을 해댔다. 나는 아직도 어쩔 줄 모르는 어린애같이 울고 있다. 아니 울다 못하여, 이렇게 인간성을 타락시키고 인격을 추락시키는 이 지식만발의 시대를 만든 현대인에게 분노하고 있다. 나는 자연 속에서 자연스럽게, 두려움과 증오함 없이 이웃과 더불어 살고 싶다.

그런데 이영학처럼 구역질나는 부모사랑을 하고, 조중훈 집안사람들의 썩은 인격의 갑질이 난무하고, 양진호처럼 무지몽매한 인간이 수컷고릴라 같은 지배욕망으로 몰염치한 행동을 하는 지배욕망……. 모두 탈인격이고 몰인격적인 행동이다. 그들은 사람으로 태어났으되 사람다운 사람이라고 결코 인정할 수가 없다. '모든 인간에게 인격권이 있다.'는 진리를 부정할 수밖에 없다.

극단적으로 말하면, 인간세상의 진리와 미를 추구한다는 문학예술에도 자아도취적 행위와 '개소리'가 난무하고 곳곳에서 '개판'을 친다. 진실로 조영남이 진실한 화가인가? 전 탄핵된 대통령 박근혜를 열광하는 태극기부대가 진실한 민주시민인가? 자기 욕망으로 사대강사업으로 산하를 뒤집어 건천화乾川化 오염화汚染化 시킨 전 대통령 이명박이 진실한 국민의 대통령인가? 지식정보의 홍수시대에 사는 지성인이라면 제발 생각 좀 하면 좋으련만. 자기가 뭘 모르는지도 모르는 현대인의 두뇌는 어디에 꽂혀있는지 알 수 없다.

인간의 이성과 감정의 표현물인 언어에는 말과 글이 있다. 일회용으로 지나가는 말은 다분히 감정적이고 국지적이다. 그러나 문자언어인 글은 이성적이고 과학적 분석적이다. 유지하는 시간이 길며 그 책임 또한 크고 길다. 글은 쉬 사라지지 않기 때문이다.

같은 문자=글이라 해도 전자매체에 매몰된 문자는 현대인의 의식과 똑같다. 아니 현대인의 의식이 전자매체문화에 의해 순간화 저질화 저속화 저급화되었다는 게 맞을 것이다. 아무리 현명한 지성인의 글도 깊이 새겨지지 않고 일회용 정보로 지나간다. 수많은 사람이 술술 훑고 지나갈지라도, 글의 진미를 씹고 맛보아 지성의 양식으로 받아들이거나 소통된 사람은 참으로 적다. 갈수록 현대인의 성격이 성급하고 순간적 쾌락에 열중하며 언어생활은 이미 품위를 잃어버렸다. 스마트 폰을 쉬이 사용하고 다양하게 가지고 노니 인격자가 되고 현자가 될까? 인간의 정체성이 뭔가에 대해 곰곰 생각에 젖는다. 후손이 없는 걸 다행으로 알아야 할까? 천애고아처럼 사람의 언어로 사람다운 애정을 교류하며 살기가 점점 어렵고 삭막한 이유는 왜일까?

이렇게 살다간 탈신본주의뿐만 아니라 탈인본주의도 멀지 않을 것 같다. 아니 이미 그 시기時期 속에서 아등바등 허덕거리고 있는 것일까? 가슴과 두뇌에 새길 언어가 아니라 일회용 휴지처럼 쓰레기통으로 직행시키거나 아무데나 내던져버리는 언어만 듣고 말하고 쓰고서야 어찌 살까? 천지간에 찌꺼기 묻은 휴지쓰레기가 나풀거리는 거리를 걸을 때처럼 우울하다.

어떤 언어를 사용하여 누구와 소통하고 이해하고 이해받을 수 있을까? '네 말이 내 뜻이고 내 말이 네 심중의 꽃이로구나!' 이렇게 시냇물 같고 초록잎 같은 언어는 어디에서 살고 있을까?

핵격정을 하십니까?

풀로토늄239, 스트로튬90, 세슘137. 핵구름의 내용물이 오락가락한다. 오바마 미국대통령이 일본을 방문하는 때에 피폭국가 일본에게 사죄를 하느니 안 하느니, 히로시마에 방문하니 마니 설왕설래하고 있다. 인간이 핵 격정을 하는 것인가?

1945년 히로시마와 나가사끼에 원폭이 투하된 당시 일본인뿐만 아니라 재일한국인에도 피폭피해자가 있으련만 우린 감감무소식 상태다. 그 피해상황과 피해자료에 대해서도 무지한 상태다. 다만 러시아 체르노빌원전 사고의 피해에 대해

서만 책으로 정보를 읽고 있다. 체르노빌 사고당시 핵구름은 단 4일만에 유럽에는 물론이고 아프리카와 중국까지 날아갔다. 중국과 인접국가인 한국은 어땠을까? 체르노빌 사고 후에 그 악영향으로 150만 명이 사망했다고 보고되었지만 그 사실에 대해 어찌 침묵하거나 모르고 있는가?

그런 판에 세계 최고의 보호체계를 자랑하는 일본의 도쿄 원전이 쓰나미의 힘에 누수가 새어나오고 9.0의 강진 앞에 속수무책으로 고장이 났다. 국민을 서서히 암으로, 고통으로, 타고난 죽음이 아닌 사망으로 몰아가고 있다고 간간이 듣는다. 일본정부는 보도통제하고 있다.

일본바다가 먼저 병들기 시작했다. 인접국인 한국에는 어떤 영향이 미치고 있을까? 태평양은 어떤 영향을 받을까? 한국은 얼마나 철저히 원자력발전소를 관리하고 있을까? 나는 대답을 모르는 질문만 계속한다.

현재 30개국에 433기의 원자력발전소가 가동 중이다. 미국에 104기, 프랑스에 58기, 일본에 55기, 러시아에 31기, 한국에 21기 등등. 마치 과학의 발전이 문명의 발전이며 곧 인류의 문명화라고 오도하는 것과 같다. 또 살상무기를 개발한 국가는 진보적 선진국으로 착각한다. 1945년 8월 히로시마와 나가사키의 원폭투하는 인류에게 끔찍한 살상공포를 주었다. 그 과거의 증거를 망각하거나 무시해선 미래가 불안하다. 다른 사용을 내세우며 원전은 불어나고 체르노빌 사고 후에도 세계는 각성하지 못하고 있다. 이런 인간의 오만을 보며 철학자이자 시인인 아도르노를 생각한다. "시가 무슨 가치일까? 아우슈비츠 이후에도 시가 써질까?"하던. 뿐만 아니라 더 이상 셰익스피어나 괴테가 무슨 가치를 가질까? 우울하게 질문한다.

체르노빌 사고 후 핵오염으로 죽어가는 젊은 남편의 아내에게 의사가 말했다. "남편에게 가까이 다가가면 안 됩니다. 키스하면 안 됩니다. 만지면 안 됩니다. 이제 그는 방사선오염 덩어리입니다." 첫 임신한 아내는 남편에게 다가가 입을 맞추며 사랑을 표시하고 남편이 죽을 때까지 그 곁을 지켰다. 그리고 그 대가로 자신과 아기를 죽음에 바쳐야 했다. 오호 통재다!

원자로는 엄청난 에너지를 얻는 최고선물로 위장되고 그 덕에 편리하게 산다고 포장되고 있다. 핵 유출사고는 세계인에 영향을 끼치면서도 세계뉴스에 절대로 사실대로 보도되지 않는단다. 핵 방사선은 바람을 타고 바람이 되어 흙과 물에 내려앉아 세계를 흘러 다닌다. 그러나 세계인은 날마다 먹고 놀고 사랑하고 미워하며 건강하게 영영히 살듯이 살아가고 있다.

일본 도쿄원전의 사고 후 류드밀라 이그나텐코와 스베틀라나 알렉시예비치의 〈체르노빌의 연대기〉를 다시 읽었다.

체르노빌에서 이웃끼리 다정다감하게 살던 사람들에게 가장 무섭고 새로운 적은 방사능이었다. 정부는 온통 비밀이었고 다만 그 땅에서 나는 그 무엇도 먹지 못하게 했다. 그러나 그들은 먹어야 살므로 토마토와 오이를 먹고 통조림으로 저장해 먹었다. 방사선 허용치의 100배나 되는 것들을. 텔레비전 보도를 보고 정부의 지침을 읽지만, 우선 먹어야 살아있을 수가 있으니까. 그들이 먹는 빵에도 하다못해 소금에도 방사능은 숨어 있었다. 그들은 살점이 부풀어 터져 피를 흘리며 죽어가고, 기형아를 낳고, 방사선에 노출된 아기가 겨우 4시간 만에 죽어 버리기도 했다. 온몸의 구멍이 다 막힌 아기를 낳기도 했다. 그들은 서서히 험하게 고통스럽게 죽어갔다. 그렇게 모여 살아가는 자신들을 '체르노빌레츠'라 불렀다.

심각한 문제는 그 참혹함이 1~2년 내에 끝나는 게 아니라 여러 세대동안 지속된다는 점이다. "영화에서 보던 아름답고 신비한 색깔로 번개처럼 지나가는 광선이, 죽음의 사자인 줄은 몰랐지요."

"그 냄새는 지구의 냄새가 아니었어요."

"어느 순간 목이 따갑고 저절로 눈물이 났어요. 사람들이 뇌졸중이나 발작으로 픽 픽 쓰러지고 그냥 죽어 버리기도 했어요."

"체르노빌 후에도 제대로, 명대로 살고 싶지 느닷없이, 처참하게 죽고 싶지는 않아요."

그들은 죽어가면서 각각으로 증언했다. 이렇게 살아도 되는가? 물었다.

오바마 미국대통령은 "핵 없는 세계"를 주창하여 노벨평화상을 받았다. 오바마 대통령이 2016년 5월 26~27일 일본을 방문할 때 히로시마에 갈 것인지, 어떤 발언을 할지가 되게 궁금했었다. 1945년 8월 6일 미국의 원자폭탄 투하로 히로시마에선 14만 명, 8월 9일 나가사키에 핵 버섯구름을 일으켜 약 8만 명이 죽었으니까. 그중 6명 중 한 명꼴로 한국인이었다고 한다. 일본은 유일한 피폭국가다.

독일처럼 일본도 전범국가임을 은폐하려는 아베 일본수상은 어리석다. 미국군인의 전사를 막았다며 도덕적, 군사적으로 정당한 일이라고 인식하는 미국과 일부의 견해는 더 어리석다. 핵은 인간과 지구자연에게 저지를 수 있는 생지옥 공포의 살상방법이기 때문이다. 인간이 인간에게 저질러선 결코 안 되는 죄악이기 때문이다.

한 과학자가 말했다. "우라늄이 붕괴하려면 238번 반감해야 하는데 자그마치 10억 년이 걸립니다. 토륨은 140만 년 걸리고요." 사람이 살아있는 시간개념으론 조금치도 괘념되지 않는가? 질문할 수밖에 없다.

핵. 핵이 생명에게 끼치는 잔혹한 피해는 재미나고 신기하게 읽는 신화가 아니다. 신화는 희랍신화 로마신화나, 단군신화나 예수신화로 족하다. 핵의 신화는 필요 없다. 우리나라의 고리원자로의 고장과 수리를 뉴스로 접하면서 등줄기에 식은 땀이 흘렀다. '히로시마의 비극'이나 '체르노빌레츠'의 삶이 반복되어선 절대로 안 된다. 어찌하여 역사에서 배우지 않는가? 과학자 탓인가, 정치인 탓인가?

종교와 과학, 무기가 인간에게 뿌린 최악은 운명대로 살다 가야할 사람들을 살상한 일이다. 인간은 서로 사랑하며 자연처럼 자연적으로 건강하게 살 때 미래를 꿈꾸며 인류를 존속시킨다. 한 사람의 인생은 작은 개인의 운명에 따라 살아진다면, 인류의 삶은 나쁜 역사에 의해 파괴되고 파멸된다.

정치지도자뿐만 아니라 지식인은 인류애를 지니고 지키는 인간이길 바란다. 나가사키나 히로시마의 피폭역사와 체르노빌 사고는 지구에 다시는 있어서는 안 된다. 지구가 무엇이며 생명체의 삶이 무엇이며 핵이 무엇인가를 생생히 느끼고 사유하는, 인류를 위한 지성이기를 빌고 또 빈다.

묵은 감자의 껍질을 벗기며

설날이 지나서 묵은 감자의 껍질을 벗긴다. 한겨울까지 보관된 하지감자를 깎아 카레라이스를 만들려는 것이다. 독성이 강한 감자의 싹눈을 도려내다가 '아아, 지슬!' 신음처럼 말이 나오며, 손질하던 손이 무뎌진다.

한국현대사의 불편한 진실들에 눈 감고 모르쇠로 살아온 국가의 인사人士들 때문에, 진실한 역사정리를 못한 정부 때문에 빚진 죄인처럼 내 마음이 가라앉는다. 나는 가슴에 국난의 비애와 분노를 안고 살아온, 슬픈 한국인. 한참 전에 제주도 거친오름 자락의 4.3평화공원을 몇 바퀴씩 돌며 가슴 메는 속죄를 했어도 내 가슴은 아직도 겨울비처럼 한기를 품고 있다. 그런 판에 오멸(오경헌) 감독의 영화 〈지슬〉과 임흥순 감독의 영화 〈비념〉을 독립영화관의 스크린으로 열 명 남짓 관객과 함께 보았다. 여러 가지로 비통했다.

2013년 5월. 한국처럼 분단국가였던 독일의 베를린에서 '한국영화의 오늘'이란 영화제를 개최했다. 개막작은, 제주 4.3사건을 주제로 한 영화 〈지슬〉이었다. 지구촌 유일한 분단국가로 살아가는 한국정부의 인식과 한국인의 역사의식과 문화의식을 보여주는 자리였다.

그 영화의 영화적인 완성도와 성공은 아무래도 괜찮다.

빌어먹을 이 나라에선 제작비를 풍덩 투자하는 역사의식 투철한 제작자도 없거니와, 대박을 내줄, 올바른 역사관을 가진 또는 가지려고 노력하는 관객들도 거의 없으니까. 〈쉰들러 리스트〉처럼, 너무 잔혹해서, 어차피 화려한 칼라로 사실적으로 찍을 수도 없었을 테니까. 어려운 문제를 풀지 못하여 가위표를 받은 어릴 적 시험지처럼 까맣게 잊은, 약소국가 한국의 역사적 사실을 영화로 만들어, 지성적 철학적 국가 독일에서 공유할 수 있는 것만으로도 가슴 아렸다. 아직도 한국정부가 과거의 잘못을 규명하고 반성하지 못하고 있는 실정이 수치스럽다. 마치 싹눈이 돋은 감자를 씹은 것처럼 쌔하고 아리다. 한숨과 뜨거운 눈시울로 오열 감독에게 감사와 격려의 박수를 보냈다.

2013년 초. 〈지슬〉은 세계에 군림하는 미국의 '선댄스영화제'에서 심사위원대상을 받았다. 미국이 대한민국을 약소국가로 신탁통치 하던 역사의 현장을, 미국인은 후손에게 어떻게 가르치고 있을까? 우리나라는 어떻게 가르치고 있을까? '현대사를 제대로 가르치지 않는다.'가 정답이란다. 오호 통재라!

1999년, 다큐멘터리 〈이제는 말할 수 있다〉를 TV에서 방영하면서 비로소 역사적 자료와 증언을 수집하기 시작한 셈이다. 어렸을 때 어른들의 대화 아랫자리에서 귓등으로 얻어들었던 일들이 사실이었다. 제주도에는 바람과 돌과 여자만 많은 게 아니다. 하늘을 원망하는 분노와 피맺힌 설움과 뼈저린 외로움의 넋이 반세기 넘도록 떠돌고 있다.

〈지슬='감자'의 제주도말〉. 늙은 어머니가, 자식의 밥줄이며 생명줄인 지슬을 쥔 채 총살당했다. 어머니의 안부가 염려되어 땅굴에서 내려간 아들은 어머니의 시신을 수습하지도 못한 채-조상신을 섬기는 한국인이 말이다- 마루와 토방에 나뒹구는 감자를 주워 안고 땅굴로 돌아와, 며칠의 목숨을 목메이며 이었다. 하지만 화염으로 거의 몰살당했다. 영화 〈지슬〉의 마지막 자막은 "이들을 죽음으로 내몬 것은 미군과 미군정당국"이라는 글귀였다. 미국인들은 이 글귀를 무슨 생각으로, 어떻게 읽었을까?

〈지슬: 끝나지 않은 세월II〉는 제주4.3사건으로 원한을 남기고 사라져간 제주도민초들의 제사이며, 억장 무너진 채 벙어리 냉가슴으로 살아온 대한한국 민초들의, 아직도 숨죽인 울음이다. 썩은 내가 진동하는 역사의 사실이다.

1948년 4월 3일에 시발된 제주도민 집단학살사건은 1954년 9월에 이르도록 제주도민을 화염과 총검으로, 재판절차도 없이, 살해하고 대살代殺했다. 2차대전의 종식과 함께 패전敗戰한 일본의 식민치하를 벗어난 한국은 미국신탁통치를 반대하며, 자유와 자주를 갈망했다. 반만년 역사를 가진 한국인의 의지를 모르쇠하고 들어선 미군정美軍政의 섭정攝政을 당한 당시 이승만 대통령의 계엄령선포에 의해서 그냥 선량한 민중일 뿐인 제주도민을 좌익 불순분자로 뒤집어씌워 무더기무더기 내몬 것이다. 국가의 반역과는 무관한, 당시 20여만 제주도민 중 3만여 명이 괴뢰군처럼 무차별적으로 살상되었다. 사망자 중 10세도 안 된 무구한 어린이가 5.6%, 여성이 21.1%나 되며 당시론 파파노인인 61세 이상의 노인이 6.2%였다. 그들의 철천지한徹天之恨을 모른 채, 속인 채, 덮은 채 반세기가까이 군사정권하에서 우리는 살았다.

1991년. TV드라마에서 〈여명의 눈동자〉를 방영했을 때,

소설가 현기영이 피가 고인 가슴으로 쓴 소설 〈순이삼촌〉과, 4.3사건을 아홉 살 초롱초롱한 눈망울로 목격한 현길언 작가가 쓴 〈한라산〉을 다시 읽었다. 그때부터 4.3사건이네 여순반란사건이네를 들먹였지만 주위사람들은 대부분 강 건너 얘기처럼 멀뚱했다. 청미래덩쿨이 비에 잘 젖지 않으며 불을 붙여도 연기가 나지 않는다는 것, 먹구슬나무에 돼지의 목을 매달아 도축한다는 것을 나는 그때 배웠다. 어진 제주도 양민이 살아가는 방법이었다.

이런 양민들이 만월표고무신만 운동장에 나뒹굴게 내버려둔 채 어디로 사라졌을까. 목숨줄이나 진배없는 지슬을 내박친 채 어디로 달아났을까. 중산간 마을 95%에 화염을 질러 태우고 구워 죽인, 천벌 받을 죄가 결코 없는 저 양민들의 넋은 어느 구천을 헤매고 있을까. 자박자박 걸음마를 하던 아기가 총탄에 죽고(너븐숭이 애기무덤), 임산부를 발가벗겨 대검으로 찔러 죽이고(비학동산), 양민을 줄줄이 세워놓고 그야말로 드르륵 총살한 흔적(섯알오름)이 곳곳에 널려 있다. 이 광란의 학살 비극을 끌어안고 공포의 제주도를 멀리 떠난 실향민들은 우울증과 분노와 굶주림으로, 고향을 지긋지긋한 지옥으로 기억했다. 그들의 가슴에서 풍기는 피비린내와 원한 맺힌 분노를 누가 씻어주어야 하는가.

2003년. 노무현 대통령은 "국정을 책임지고 있는 대통령으로서 국가권력의 잘못"이라고 제주4.3사건에 대해 정중히 사과했다. 적어도 올바른 정치인이라면 정부가 국민에게 저지른 악행에 대해서 속죄할 줄 알아야 한다. 우리에게 가한 일본의 만행을 비난하기 전에, 약소국가인 우리에게 가한 미국의 범죄를 눈감아주기 전에, 은폐되고 왜곡된 우리의 역사를 직시하고 고쳐놓아야 한다. 아직도 나는 한국의 현재와 미래가 두렵다.

이 글을 쓰면서 나는 생각한다. '쓸모없는 것에 철학과 사색을 담는 것이 예술이다'고 한 오멸 감독의 말을. 오욕의 역사를, 이해하기 쉬운 영화로 만들어 알려도 정치인과 국민들이 깨어나지 못하는 절망을. 그러나 문학이건 예술이건 영화건 더불어 생각할 수 있는 문화의식이 있어 다행하다. 문화는 일종의 전염병이다. 제주4.3사건에 대한 올바른 역사인식이 젊은 지성들에게 전염병처럼 번지기를 바라는 건 과욕일까.

역사를 캄캄하고 막막하게 하는 장막의 한 자락이라도 용감하게 부욱 찢어내려야 한다. 진정한 미래가 오게 하기 위하여. 아픔을 직시하며 성장할 때 역사에 어릿광대짓을 반복하지 않을 것이다.

나는 가끔, 부정부패로 세운 권좌와 유전무죄의 어리석은 문화가 판을 치는 나의 나라에 돌을 던지고 싶다. 비록 우리의 발등을 찧는 일이 될지라도. 아파 보아야 철이 든다.

4부

자비를 베푸소서!

세상에 눈뜬 자마다, 인간에 눈뜬 자마다 기도하게 될 지니 "자비를 베푸소서!"라고. 인간의 고통고난 때문에.

피에타. 이탈리아 언어로 '자비를 베풀라'는 뜻. 〈피에타〉. 한국의 영화인으로 가장 세계적인 감독 김기덕이 만든 영화 제목. 2012년, 69회 베네치아영화제에서 그랑프리인 황금사자상을 거머쥔 영화. 그러고도 한국에선 그야말로 죽을 쑨 영화.

〈피에타〉는, 현대인의 우상인 자본주의가 인간의 도덕성을 어떻게 황폐케 했는가를 읽어내고 동감한, 베네치아영화제 심사위원들과 유럽관객들이 선택한 최고의 영화다. 연기의 절제미를 연기한, '흑발의 마리아'라고 극찬 받은 여배우 조민수에게 최우수연기상을 수여하지 못하는 게 당연하다. 개인의 연기보다 종합예술로서의 작품상이 우선이니까. 베네치아영화제는 영화철학이 있는, 영화계 최고 지성들의 영화제니까. 김기덕의 〈피에타〉 상영이 끝나고 엔딩 크레디트가 올라가자 현장의 모든 관객이 일어나 김기덕에게 10분 동안 기립박수를 쳤다고 한다. 짝짝짝! 진정한 영화예술에 대한 영화인의 예의다.

수상무대에 선 김기덕은 한국의 민요 '아리랑'을 불렀다. 이만한 민족문화 사랑과 국위선양이 어디 있는가. 2011년 작년에 64회 칸영화제에서, 각본과 연출, 촬영에 배우까지도 홀로 소화한 '다큐멘터리〈아리랑〉'으로 그랑프리를 수상한 그다. 세계3대영화제를 석권한 그의 힘이 보태어졌는가. 한국의 민요 '아리랑'은 금년 12월에 드디어 유네스코 세계문화유산으로 지정되었다.

이 시대에 이런 영화를 아니 본 자는, 〈나쁜 남자〉를 잘 그려낸 김기덕을 모르는 자는, 한국뿐만 아니라 선진국에서도 양산되는 황폐한 인간에 대해 심각하게 우려하지 않는 자는 '가엾은 지성인'이다. 좁은 시각으로 자기 주변이나 직업적인 일 외에 관심 없는 지성인은 이미 지성이 부족하기 때문이다. 인생의 문제를 농축한 영화는 종합예술 곧 제6의예술인데,

예술을 감상하고 이해하지 못하는 지성인이란 없는 법이다.

〈피에타〉는 미켈란젤로와 빈센트 반 고흐의 그림으로 익히 알고 있었다. 죽음을 맞고 고난에 차 있는 비참한 예수를 안고 비탄에 젖은 어머니 마리아. 무릎 위에 축 늘어진 아들 예수를 연민에 가득 차서 내려다보는 어머니. 어렸을 땐 그냥 성화聖畵 정도로 보았지만, 내 30대 후반 인생에 고난이 들었을 때 덕수궁미술관에서 마주한 명화 〈피에타〉는 통곡이었다. 내 영육의 시련으로 인해 한밤중에 깨어나 눈물의 기도를 하시던 어머니를 내가 보았으므로. 나 또한 잠에 떨어진 어린 딸애를 온밤 내내 지키며 통탄의 절규와 비애의 간구를 조아리지 않았던가. 나는 그림 〈피에타〉에서 성자聖子를 보기 전에 어머니의 뼈아픈 사랑과 비탄을 보았다. 영화 〈피에타〉는 그 제목만으로도 어머니라는 이름을 가진 모두와 어머니의 자식인 자마다 보아야 할 영화다. 아지 못하면 생각하고 깨달을 기회조차 얻지 못한다.

〈해운대〉, 〈도둑들〉, 〈광해〉에는 분별도 없이 1000만 관객이 달려가 관람하는 나라-나는 여러 면의 영화비평 견해를 가지고 보는, 오래된 관객이다-. 친구 따라 강남 간다는 한국인의 떼거리 속성은, 영화관映畵觀이나 기호嗜好에도 관계없이 자본가와 유명세 연예인의 금고만 불려주는 영화장사꾼의 노리개가 되었다. 문화의 다양성이 없이 유행물결에 쓰나미처럼 쓸려다니는 격이다. 참으로 불편한 진실이다.

그리하니, 김기덕의 영화는 국내에선 개봉관이 없어 죽을 쑤는 대신 외국에 팔려나가서 외국관객에게 한국의 영화예술을 선보이고 있다. 김기덕의 황금사자상 수상이 뿌듯하고 자랑스러우면서도 한국의 영화판과 영화관객을 생각하면 부끄럽다. 제도권과 자본가들의 도움과 관심을 전혀 받지 못하는 그는 거의 해외 판매수익으로 소액의 제작비를 감당하고 있으니, 그나마 해외의 영화사업가와 관객들이 그의 팔 할을 키우는 셈이다. 진정 예술가는 간난신고를 헤엄치는 자라는 것이 돈판인 영화예술에도 해당되는 말인가 싶다.

영화평론가가 아니라 보통의 영화관객인 나는, 참으로 드문 김기덕의 팬이다, 그의 영화 〈나쁜 남자〉 이후로. 10여년 전 어느 날, 볼 만한 영화를 권해 달라는 어떤 지인에게 〈나쁜 남자〉를 추천했다. 며칠 뒤에 그는, 그 영화가 지저분하고 더러워서 상영 중간에 침 뱉고 나왔다고 했다. 책을 읽되 그 글자나 읽다 말았지 진짜내용과 사유하는 방법은 모른 거나 마찬가지다. 그 뒤로 김기덕의 영화를 볼 때엔 거의 홀로 감상했다. 2004년에 54회 베를린영화제 감독상 수상작 〈사마리아〉, 2004년 62회 베네치아영화제 수상작인 〈빈 집〉, 〈봄여름가을겨울 그리고 봄〉. 참, 〈악어〉도 보았다.

대부분의 영화관객은 편견을 갖고 있다. 그들에게 볼 만한 영화란, 히히히 웃거나 눈물 짜는 삼류멜로거나 젊은 인기배우가 출연하는 영화다. 나이든 세대에게 영화란 얼토당토않은 전쟁영웅을 미화한 이야기거나 문학작품이라거나 종교영화 따위다. 현재엔 그런 영화가 드무니, 기껏해야 방송광고에 덩달아 관람하여 재벌 영화사업자에게 푼돈을 모아 주는 노릇이나 한다. 인생을 고루 알 만한 이순耳順 이후의 세대도 망둥이가 뛰는 격이다. 상업적으로 훌륭한 영화라 해도 국민의 1/5인 천만 명이 한 가지 영화를 본다는 것엔 국민의 문화수준에 이상이 있는 것이다. 그런가 하면 김기덕의 저예산 영화는 세계 3대영화제에서 국제적 명성과 인정을 받았어도 한국에선 개봉영화관을 얻기조차도 힘들단다. 김기덕 영화에게 부디 '자비를 베푸소서!' 한국의 영화관객에게 부디 자비심을 갖게 자비를 베푸소서!

영화 〈피에타〉는 황폐한 인간성을 양산시키는 현대인의 어긋난 도덕성과 자본의 추악함을 한탄하고 목울음을 삼키게 했다. 모성애를 받지 못하고 모든 것이 결핍된 새파란 청춘 '강도'는 잔인한 악행을 무감각하게 저지르는, 내면성장이 멎은, 유아적인 나쁜 남자다. 서민약자 곧 채무자의 돈줄인 고리사채업자에게 고용되어, 고리高利에 허덕이는 빚쟁이의 손가락을 자르고 정강이를 부러뜨리거나 옥상에서 밀어뜨린다, 냉혹하게. '강도'의 외로운 분노에 내 몸엔 냉기가 싸하게 돌고, 돈의 비도덕성이 끔찍이 두려웠다. 이 세상의 가장 악질적인 범죄와 거짓은 돈이 저지르고 인간은 돈의 꼭두각시가 된다. 돈을 위해 죄악을 저지르는 저들의 어휘는 단순하고 성난 짐승의 음색 같다. "씨발." "돈 갚아."

그런 '강도'가, 밥을 지어주고 사랑을 주기 전에 버려서 미안하다는 어머니의 사랑을 느끼기 시작한다. "불안해. 다시 혼자가 되면 못 살 거 같아." 그에게 비로소 자비를 배우는 시간이 왔다. 스마트폰으로 '강도'가 듣는다, 어머니가 사채업자에게 몸을 다치는 소리를. "미안합니다. 내가 죽을게요……. 엄마만 살려주시면!" '강도'가 냉혹함 대신에 자비를 구하는 간절한 절규를 한다.

'강도'를 내버린 어머니라며 용서를 구하는 가짜어머니는, 빈곤을 벗어나기 위해 고리대금을 쓴 대가로 죽어간 진짜아들의 복수 때문에 분노로 똘똘 뭉쳐 있다. 의심에 찬 '강도'가 건네준 진짜아들의 살점을, 천천히 씹어 먹는, 어머니만이 감당할 수 있는 고통이고 고역이다. -여배우 조민수의 절제되고 억제된 표정연기는 소름끼칠 정도의 명연기였다. 조민수는 "여태까진 연기를 하면서 돈을 받았지만 〈피에타〉 연기에선 열정을 받아왔다. 엄청난 에너지를 준 작품이다."고 고백했다.-죄는 사망을 낳는다 했는데, 가난이라는 죄는 죄의 쇠고랑을 끌고 다닌다. 영화〈피에타〉에서 드러나고 또 영화판의 현실에서 드러난, 자본독재시대의 제반 현상에서 맞닥뜨리는 이런 비애와 비극을 누가, 어떻게 감당해야 할 것인가. 보시라는 자비, 이웃사랑이라는 자비를 베풀 곳은 어디인가. 이 시대의 인간들은 진정 인류애의 끈을 놓친 건 아닌가. 영화를 보는 내내 나는 지독히 슬프고 외로웠다.

김기덕은 자본과 고학력 우월주의의 한국에서 중학교졸업의 학력에 구로공단과 청계천에서 노동으로 인생을 배운 영화인이다. 주류가 아니면 도움을 받지도 못하는 사회. 1% 부富의 대물림에 교육도 대물림이요, 중소기업 중소상업은 대기업의 횡포 전횡에 쓰러지고 있는 사회. 이 사회에서 김기덕은 외롭게 외길을 자기 주관의 영화관으로 걸어왔다. 그는 다른 저예산영화 감독들인 이창동, 박찬욱, 홍상수와도 달리 차별대접을 받았다. 아마도 제도권교육을 덜 받았으니까. 그의 영화는 개봉관을 얻지 못하거나 이내 걷어치워지곤 했으니, 이 나라에선 제대로 평가받아 볼 기회조차 주어지지 않은 것이다. 다행하게도 전주는 영화제가 개최되는 도시이므로 그의 영화를 드문드문하게나마 관람할 수 있었다.

세상은 '이것이냐 저것이냐'로만 양분될 수 없고 인간을 '이렇다 저렇다'로만 구별하여 차별할 수 없다. 예술이나 삶의 방식이 A나 B로만 나뉘는 나라는 미래가 없는 사회다. A, B, C에서 Y, Z까지 다양하게 생각하고 인정하는 사회일 때 '모두가 더불어 살 수 있는 미래'를 꿈꿀 수 있다. 하나를 자세히 보고 알면 열 가지를 짐작할 수 있다 했다. 김기덕의 〈피에타〉가 이 사회 곳곳에 널려있는 '피에타'문제를 심각하게 사유하게 한다.

신이여, 이 어리석은 존재에게 자비를 베푸소서!

운명이여, 고해를 허우적이는 탐진치貪瞋痴의 중생에게 자비를 베푸소서!

어머니여, 아무리 고난의 생활일지라도 어린 생명에게 자비를 베푸소서!

돈이여, 눈먼 눈을 뜨고 돈이 있어야 할 곳마다 자비를 베푸소서!

파이 혹은 Life of pi

가을날, 파리 한 마리가 5층 베란다의 작은 꽃밭에서 곡예비행을 한다. 잽싸게 내 머리 위로 상승하여 방으로 들어간다. 천정에 닿을 듯이 커다랗게 S자를 그리다가 옆으로 8자를 그리며 멈춘 듯 난다. 얼씨구, 저 파리가 π를 그린다. 무한대의 수 π. 아르키메데스의 수 π.

고개를 뒤로 젖히고 파리의 비상을 주시했다. 죽을 때가 임박한 파리 한 마리가 소수점 이하 300만 자리의 무리수로 나를 끌어간다. 3.141592653589…… 중학교 3학년생도 때, 김용하 수학선생에게서 π는 결코 정답을 풀 수 없는 수數라는 설명을 듣고 그 밤 내내 π를 풀어보겠다고 날을 꼬박 샌 적이 있었지. 수학은 반드시 정답을 얻을 수 있기 때문에 재미있는 공부라고 생각했으니까. 밤 내내 소수점 이하의 숫자꼬리는 울고 싶도록 이어졌지…… 폭폭했지…… 그 수의 끝처럼, 공부의 끝이나 생각의 끝도 한限이 없을까? 처음으로 수학에 정확한 답을 낼 수 없으며 그건 구球 곧 지구에 대한 미완의 값이며 완전함은 없다는 걸 처음으로 배웠다. 풀 수 없는 게 인생에는 있다는 걸 예감했다. 지식은 완벽한 거라고 믿으며 지식을 좋아한 소녀에겐 엄청난 충격이었다.

그로부터 나는 세상사와 사람을 이해하기 위해 나누어 생각하기 시작했다. 이성과 본능으로, 감성과 논리로, 현실과 비현실 세계로…… 이성적으로 지금 행복하며 본능적으로 내일이 불안하며, 현실적으로 지금 만족하면서 불확실한 미래를 염려했다. 그러나 내일에도 어김없이 해가 뜰 것을 믿고 세 끼니의 밥을 먹고, 학교에 가고 친구들과 대화하고 안식의 잠에 들었다. 언젠가 다가올 미래는 찬란하고 오묘한 향기로 가득할 것을 의심한 적이 없었다. 어차피 π처럼 인생도 절묘한 무리수 같은 걸 테니까.

이런 이야기는 그 듣는 사람의 해석에 의해 완성된다. 언제나 사실은 1차원의 세계요, 화자의 서술은 2차원의 세계가 된다. 독자 또는 청자聽者의 해석이 3차원의 세계를 완성한다. 문학의 완성은 3차원이다. 그러나 인생엔 4차원 이상까지도 존재한다.

1, 2, 3, 4, 5, 6, 7, 8, 9, 0.

이 열 개의 단수가 조합하며 이뤄내는 삶의 파장에 나는 속수무책이다. 현대인은 삶의 경제지표를 숫자로 계산하고 모든 병증의 상태도 숫자로 표시한다.

인류문명의 원조 격인 그리스문자 π. 지知와 문명이 극대화된 시대라 해도 π는 여전히 미완성의 무리수로 존재한다. 소수점 이하 300만 분의 1의 차이가 그대와 나의 차이점이라면 우리는 그 차이를 어떻게 구별할 것인가. 인간은 모두 원래인간의 근사치일 것이다. 아버지는 그의 아버지의 근사치고, 자식은 아버지의 근사치다. 자식의 XY유전자는 근소한 차이가 나는 아버지의 유전자XY다. 300만 자리를 흘러온 π의 풀이 같다. 300만 대代를 이어온 조상의 유전자에 의해 현재의 내가 존재된 게 아닐까!

인간과 인생은 자기가 체험한 만큼 인식하고 해석할 수 있다. 그러나 절대적 인간과 인생은 그 아무도 확정할 수 없다. π의 미진한 자리를 사유하며 철학, 종교, 예술은 창조됐을 것이다. 인간은 π처럼 완전할 수 없다. 인생에는 똑 떨어지는 완성의 답이 없다. 그러기에 계속 질문하고 한 자리씩 미완의 답을 얻어가는 것이며, 그 과정이 발전인지도 모른다.

문제는, 대부분의 사람들은, 자기가 아지 못하는 것을 결코 이해하거나 믿지 않는다는 점이다. 결국 아주 평범한, 누구나 달콤하게 이해하는 이야기를 거짓말로 지어내야 한다. 그것의 정점에 신이 창조되었고 피교육자인 우리는 교육되는 대로 따라가는지도 모른다.

〈Life of pi〉라는 영화는 내 사유의 심층을 건드렸다. 얀 마텔 원작, 중국의 5세대감독인 리안 감독이 영상화한 3D영화를 진지하게 보았다.

폭풍우에 난파된 배에서 뱅골호랑이, 오랑우탄, 하이에나, 얼룩말, 인간 파이Pie가 보트에 피신한다. 굶주림에 의해 대적관계가 된 그 맹수들과 인간 파이가 어떻게 227일간의 난항難航을 하며, 결국 인간 파이가 무슨 힘으로 홀로 살아남는가의 과정이다. 그리고 그 목숨을 건 사투死鬪의 체험을 망망대해의 풍파風波의 그림 속에서 실현하는 것이다.

폭풍우에 난파되는 고난의 수렁은 신의 형벌인가? 한순간에 고통 없이 꼴깍 죽은 자들에게 살아있는 자는 왜 미안해하는가? 본능적인 굶주린 동물들과 채식주의자 인간 파이가 어디까지 공존 공생할 수 있겠는가? 그야말로 신이 도와주는가? 누구를? 사람만을? 신은 왜 인간의 생명을 가지고 종교놀이를 하는가? 파이는 무엇으로, 무슨 힘으로 비참하고 고독한 시련에서 살아남은 것일까?

파이는 두뇌를 써서 본능의 적들 속에서 뱅골호랑이(=힌두교, 기독교, 이슬람교 경전의 의미)와 함께 싸우며 살아남았다. 그 호랑이는 파이에게 삶의 의지와 지혜를 끌어내준 마지막 적이며 생존경쟁의 동료였다. 생존투쟁에서 이겨먹어야 할 강적 뱅골호랑이가 있어서 파이의 의식과 의지는 눈뜨고 있고, 그는 인간이므로 뱅골호랑이에겐 없는 지식이란 이성의 무기를 사용해서 뱅골호랑이에게 잡혀 먹히지 않았다. 그리고 그가 정말 힘들 때 기댄 곳은 글을 쓰는 일이었다. 그는 사고思考하는 자이므로 글을 쓴 것이다. 잠깐씩 막막함에서 희망의 끈을 놓칠 때면 텅 비어 휴식하였고, 그 시간은 다시 살고 싶은 희망과 지혜를 주었다.

227일간의 표류 끝에 미어캣(바로 옆의 동료가 잡아 먹혀도 무신경하고 나약한 존재로 호랑이의 먹이=남을 위해 살 줄 모르는, 종교적인 현대인간)이 즐비한 섬에 닿자 인간 파이는 쓰러졌다. 드디어 문명의 땅에 발을 대고 텅 비어 안식에 든 거랄까. 막막하고 공포였던 고난과의 투쟁의 표류에서 파이가 살아남았다! 내 눈에서 하염없이 눈물이 흘렀다. 함께 살아남은 뱅골호랑이는 그를 일으켜주지도 않고, 저 홀로 미어캣 먹이들 사이로 사라져갔다. 기막힌 이미지였다.

파이가 227일간의 처절한 생존이야기를 진실하게 말할 때,

그 어떤 사람도 믿지 않았다. 다만 사고思考할 줄 아는 작가만이 파이의 이야기를, 끝을 알 수 없는 π처럼 이해했다. 인생에는 자기가 풀어도 되고 풀지 않아도 되는 π 같은 게 있는 법이다.

인간이 견디어낼 수 있는 시련고난은 무리수다. 그러나 인간이 견디어낼 때 비로소 강자强者다! 그리고, 모든 생명은 모든 다른 생명의 죽음 위에 생존된다. 인간의 가치, 교육, 도덕, 인륜, 종교 등등이 문명문화의 발달을 만들었지만, 치열한 삶의 원칙은, 생존이 그 일번이다. 인간생명은 자연이며 자연은 문명문화 이전에 존재했다.

파이의 아버지는 허황된 전설=종교와 예쁜 불빛=천국에 속지 말고 이성적으로 지혜로이 살아야 한다고 아들에게 교육하고 강조했다. 아버지로부터 배운 지식과 지혜가 그를 살아남게 했다. 그렇다. 본능을 제어하는 건 이성의 힘이다. 굶주림보다 두렵고 견디기 힘든 건 절망이다. 그리고 어떤 승자보다 진짜 승자는 고난과 절망에서 살아남은 자다.

파리가 그리는 무한대-누운 8자가 사유의 꼬리를 끌고 다닌다. 사유의 완결은 없었다.

내일은 또 내일의 해가 떠오를 것이다.

찰리 채플린과 동행

운이 좋게도 나는 일찌거니 성장기에 찰리 채플린Charles Chaplin을 만났다.

우리 아버지는 멋진 영화관객이었고, 어찌 생각하면 서양 영화가 보여주는 개척정신과 탐구정신을 좋아하셨다. 중고교생 시절 내내, 아버지는 영화관람을 원하는 학생의 보호자가 되어 나를 영화관에 입장시켜주셨다. 이리극장, 삼남극장, 시민극장은 멋진 세계와 멋진 인생들을 펼쳐 주었다. 막내고모(이화여대생)와 큰언니(숙명여대생)의 보디가드처럼 따라다니기도 했다. 음악, 영화, 연극에의 인도자들이다.

무성영화시대의 거장 채플린! 변사가 "……했던 것이다."

를 음성으로 연기하는 활동사진을 어른의 꽁무니에 붙어 들어가 눈을 땡그라니 뜨고 귀를 번쩍 열고 보았다. 책과는 완전히 다른 신세계였다. 어릴 적엔 마냥 웃었고, 철이 들면서 웃음 뒤에 슬픔을 알았고, 인생을 알 만하자 웃음 뒤의 고통과 사랑을 이해했다.

〈시티 라이트〉! 천재 찰리 채플린의 자작 음악과 음향으로 완성한, 순애보이자 인류애의 표상인 무성영화! 내가 심술이 나고 야박해지면 생각나는 무성無聲의 조언처럼 채플린의 슬픈 표정이 떠오른다. 새카만 팔자 콧수염과 제비꼬리 긴 검정외투, 발보다 크고 길어서 휜 낡은 구두는 슬픈 웃음을 자아낸다. 나는 끄덕끄덕 나의 슬픈 난관을 이해하려고 하는 것이다.

애련哀憐이 느껴지는 어리숙한 얼굴의 채플린. 우습고 단순하고 가난하고 슬픈 방랑자와 백만장자가 함께 술을 마시며 우정을 나누지만, 술에서 깨고 나면 방랑자를 알아보지 못하는 백만장자. 바로 외면인간과 내면인간을 가르쳐주었다. 앞을 못 보는, 꽃을 파는 소녀는 세상을 제대로 아지 못해도 세상에서 살아야 하며, 할 수 있는 최선을 다해 살았다. 빈곤과 불행에 시달리는 초라한 행색의 방랑자가 왜 훨씬 철학적으로, 멋있는 우상으로 보였을까?

한국동란 휴전 후에 초등학교를 다니기 시작한 나는 거리거리에서 〈시티 라이트〉의 방랑자 모습을 가진 청춘들을 어쩌다 만났고, 그들은 소위 룸펜 혹은 세상살이를 비관하는 신지식인들이었다. 실제로 초등학생시절엔 그런 행색의 어른을 따라다니며, 미친 사람처럼 중얼중얼 혼잣말하는 의미를 알아들으려고 애쓰기도 했다. 그들은 동서양의 양서良書에 심취한 사람들이었다. 간질간질 얼굴을 어루만지나 어느새 옷을 다 적시는 이슬비처럼, 그 이웃들의 생각은 나에게 시나브로 스몄다. 방랑자와 맹인 소녀의 관계 같달까.

희극영화 또는 코미디영화라는 〈시티 라이트〉의 마지막 장면은 시리게 아프고 가슴 아리게 슬프다. 빈자 방랑자가 지불한 수술비로 안맹眼盲을 수술하여 눈을 뜬 꽃팔이소녀는, 비로소 방랑자의 모습을 보게 되는데, 아뿔싸, 수술비를 마련해준 그를 건달마로 여긴다. 잠시잠깐 후, 장미와 거스름돈을 건네며 방랑자의 손을 만지는 순간 꽃팔이소녀는 그를 알아챈다. 소녀는 방랑자의 모습을 보았으나, 오직 그 모습 그대로 그를 용납한다. 〈전원교향악〉의 눈먼 소녀는 늙은 목사의 실체를 진심으로 사랑하지 못하지만, 〈시티 라이트〉 맹인소녀는 마음이 진실하고 선했다. 자기의 고난을 통해 타인의 고난을 이해하고 사랑할 줄 아는 그 사람이, 가슴을 뭉클하게 했다. 인간과 삶을 해석하는 내가 성장한 것이다.

이 지옥세상에 눈을 떴어도, 살아가는 내내 그 소녀의 심성

같기를, 아직도 나는 바란다. 채플린은 진즉에 머나먼 우주로 떠났어도 그가 남긴 〈시티 라이트〉가 선한 꿈을 꾸게 한다. 새롭고 맑은 눈으로 방랑자를 알아보고 바라보던 장면은 언제라도 눈시울을 뜨겁게 한다. 그러므로 찰리 채플린은 위대하다.

무성영화. 국경도 없고 목소리도 없고 개인의 유무식도 관계없는 영화다. 볼 수 있는 만큼 보고 들을 수 있는 만큼 들으면 된다. 무성-말없음의 위대한 힘을 느낀다. 말로 말 많은 성직자들의 법문 강론보다 낫다.

영화의 인물은 영화 속에서 신화적으로 재탄생한다. 시간차와 공간적 거리를 괘념치 않고 우리 삶의 인물로 끌어들여 정신의 동행이 된다. 채플린이 창작한 인물들은 바로 나 또는 우리와 닮았기에 그들의 슬픈 희극이 우리 삶의 희극적 슬픔과 동일하게 여겨진다.

딸애가 막 중학생이 되었을 때에도, 함께 관람했다. 훗날 딸애는, 중국 북경영화대학에서 중국영화사 논문으로 석사학위를 받았고, 우리는 영화이야기를 섞어가며 인생을 소통한다.

엄청난 언어와 영화의 홍수 속에서 살아가지만 아직도 무성영화의 매력에 젖는다. 그 방대하고 깊은 상상력, 사고력, 초현실성이 좋은 것이다. 아무리 말하고 말해도, 아무리 글로 쓰고 써도 인생을 표현하기엔 부족하다. 말없음의 소통이 절대적으로 필요한 게 인생이다.

그의 무성영화는 엄청나게 영화산업이 발전한 뒤에 1970년대에 이르러서 진정한 사랑과 존경과 이해를 받았다. 〈모던 타임즈〉, 〈위대한 독재자〉, 〈써커스〉, 〈채플린〉에서 흑백의 아름다움과 깊이와 진실함을, 채플린의 천재적인 예술성을 보고 느낀다.

현대의 우리가 좀 더 세밀하고 다양하고 구체적인 현실공간에서 살고 있을 뿐, 인간의 생활공간에 대한 인식과 삶의 인식은 그 뿌리가 같다. 채플린이 수십년간 나에게 말하고 있다.

그가 대지를 떠난 지 오래되고 그의 미소를 닮은 딸 제럴딘 채플린의 눈망울과 미소라도 보고 싶다. 오늘밤엔 열아홉 살 적 관람한 〈닥터 지바고〉를 다시 보며 제럴딘 채플린의 미소 속에서 '생활의 비애와 삶의 진실'을 씹어 보아야겠다.

달빛

달빛이 슬퍼하고 있다. 달의 눈물이 번진다. 그 월광이 번지는 밤을 걷는데 평범한 소시민 아이의 성장기가 나를 따라온다. 아니, 평범한 소시민 아이가 아니다. 그는 까만 흑인아이이니까. 흑인의 표현처럼 "달빛이 비칠 때 (흑인)소년들은 파랗게 보인다." 맞다. 어둠이 깊어지면 검은 밤도 밤바다처럼 암청색으로 보인다.

흑인은 지구인간 중에서 소수인가, 다수인가? 다수가 권력인 세상 아닌가?

외국영화는 지구상의 또 다른 현실이고 다른 인간들의 얘기다. 나는 그들의 얘기에 공감 동감하고 비판 사색하며 색다른 현실을 배운다.

우리의 인생은 어떻게 시작하여 어디로 흘러가는 것일까? 원하는 대로의 인생이란 거의 없더라. 수많은 타인과 외부가 지배하는 게 인생이니까. 상처를 받으며 아물리며 사는 게 인생이니까. 그 과정은 고통이지만 아름다운 고통이다. 인간을 성숙시키므로. 지금 그대가 빛 속에 산다면 그건 어둠을 통과한 결과다. 인생도 낮과 밤의 조화로 성장한다.

꿈속장면처럼 아름다운 바다를 낀 마을 마이애미 마을에 흑인동네가 있다. 세계 어디에나 빈부격차가 있고, 현대 미국 가정의 절반쯤이 망가진 혹은 결손가정이라 할 수 있다. 게다가 한국 실정과는 달리, 절대로 우리나라에 유입되지 않기를 바라는 마약이 흔해터진 나라다.

리틀(주인공어린이의 별명)은 다인종국가인 미국에서 가장 하대받는 소수족속 흑인이고, 인간의 사랑 중에서 가장 소수인 게이(동성애자)다. 한 소년이 자기정체성을 세워가는 길은 보통의 아이들과 다를 바 없다. 우리는 모두 달빛 아래 어스름 속에 성장하는 존재다.

나는 가끔 달빛 아래 나를 세우고 검푸르러지는 산과 동네와 냇물을 건너 푸르스름하게 떠 보이는 사람을 응시하곤 한다. 나의 고독과 샤이론=리틀의 고독을 발견하고 타인의 고독을 이해한다. 샤이론은 자기이름을 한때 부끄러워했다. 그러나 후회할 줄 알면, 바로 그때가 거듭나는 사람이 되는 시작이다. 그리고 스스로의 인생항로를 스스로 결정하면 된다. 자기를 변화시키고 성숙시키는 건 오직 자기 의지니까. 인간도 저 나무처럼 스스로 성장하는 것이다.

어렸을 적에 들었다. 중국의 귀족들은 아편을 애용하여 정신의 무기력에 빠져들었고, 일본은 그 허술한 틈을 악용해 중국을 넘보았다고. 한국전쟁=6.25한국동란 후 초등학생 어린이 때, 길거리에서 소위 '아편쟁이'를 가끔 목격했다. 넋 나간 거지모습의 성인남자가 몽롱한 눈빛으로 경찰관에게 질질 끌려가는 꼴을 따라가 본 적도 여러 차례다. 아편쟁이의 표정이 찌그러지면 아무 벽에나 기대 앉아 몸을 발발 떨면서 팔뚝을 드러내놓고 주사를 놓는데, 그 팔뚝이 푸르딩딩하게 곪아 있기도 했다. 그런 꼬락서니는 무서웠다. 리틀의 외로움을 생각하는데 까마득히 잊힌 아편쟁이가 떠오른다.

영화의 시작장면. 리틀은 동급생 어린이들에게 소위 집단따돌림=왕따를 당하여 쫓긴다. 아이들의 세계에서도 힘을 보여줘야 대접 받는다. 어린이는 착하다고? 그 생각도 편견일지 모른다. 순자荀子의 성악설이 옳은가, 의심할 지경이다. 아이들이 때로 참 영악하다. 저 아이들이 갓난아이 적에도 저럴 수 있었을까? 가정환경, 인간환경, 사회적 교육적 환경이 인간성장에 끼치는 영향은 어느 만큼일까? 천성은 있기나 하며 성장에 얼마큼 작용될까? 차라리 혼자 크는 나무처럼 사는 게 나을까? 폭력적이고 마약중독자인 어머니가, 아니 그런 어머니의 사랑이 싫다고 하는 리틀 어린이는 이미 천국과 세상을 잃은 것과 마찬가지다.

미국영화를 보면 늘 현실이입을 하게 된다. 〈Moonlight〉를 감상할 때보다 시간이 지날수록 문득문득 성소수자로 성장한 샤이론=리틀이 떠올랐다. 나는 우리나라의 성소수자들의 비애와 외로움을 이해하려고 노력한다. 적어도 그들을 막무가내로 멸시천대하거나 인격을 무시하지 않는다. 그들은 왜 그렇게 태어났을까? 그 부모의 죄인가, 그 아이의 죄인가? 교육환경과 가정환경, 사회의 죄인가? 아니다. 다만 사람이 사람을 어떻게 이해하고 포용하고 사랑해야 하는가를 깨닫게 하려는 신의 뜻이지 싶다.

미국은 모든 시민이 평등한 나라라고 착각했다. 그러나 우리는 사실 내지 진실을 안다. 백인우월주의가 뿌리 깊은 나라이며 흑인 및 유색인종을 하층인 취급한다는 것을. 피부색은 어떤 멸시의 조건이 아니다. 인간은 모두 인간일 뿐이다. 샤이론의 인생 속에 내 인생의 일부가 들어있다. 샤이론의 슬픔 속에 나의 슬픔이 배어 있고, 샤이론의 정체성 찾는 과정이 한때 나의 행로行路였다. 인생에는 고난이나 불운이 있게 마련이지 않은가.

영화 〈Moonlight〉에는 단 한 명의 백인도 출연하지 않았다. 그리고 백인의 영화판에서 제89회 아카데미작품상을 수상했다. 사람들이 소수를 이해하기 시작했다고 믿고 싶다.

한 편의 짧은 영화가 긴긴 인생 속에 숨어있는 요지가지 기억과 인식을 끌어냈다. 그 기억과 인식이 삶의 살과 피였다. 달빛=월광이 더 이상 서늘하고 아름다이 흐르는 달의 빛살이 아니다. 달빛 속에 섹스와 번뇌와 슬픔과 방황이 흐르고 있다. 인생의 어두운 빛깔이 떠다니고 있다. 날마다 낮이 있듯이 밤이 오고 달빛은 항상 비치는 법이다.

뒷동산 투구봉을 걷는다. 달빛이 흐르는 푸른 어둠 속에서 잔잔히 얼굴을 스치는 바람을 느낀다. 약한 내 심장소리가 들릴 듯 말 듯 도란거리듯 울린다. 나는 아직 살아있다. 사색하고 변화해야 성숙한다.

밤의 해변에서 혼자

"죄는 미워하되 사람을 미워하지 말라."는 명언이 떠오른다.

"아무런 죄 없는 자, 이 여인을 돌로 치라."고, 간음한 여자 막달라 마리아를 조리돌림 하는 민중을 향해 예수는 말했다. 잠시 후 사람들은 아무 말 없이 뿔뿔이 흩어졌다.

홍상수 영화감독과 김민희 영화배우를 간음 또는 간통하였으며 마치 중범죄인인 양 사람들은 몰아갔다. 일찍이 그들의 인생에 아무런 도움도 교육도 사랑도 주지 못한 대부분의 사람들이 입술로 그들을 단죄하고 있다. 그런데 '그 이야기와 같은' 영화 속 사람들은 아무도 김민희를 증오하거나 그에게 분노하지 않는다. 마치 자기가 갈구하는 불같은 사랑을 실현한 그를, 그의 아프고 힘든 사랑을 이해하는 마음들 같다. 세상사람 모두 그저 그렇게 통속적으로 살면서도, 통속을 벗어나기를 욕망한다.

나는 동적인 영화보다 정중동적인 영화를 좋아한다. 좌악 펼쳐진 풍경화 같은 화면보다 탐구심이 일어나는 그림구도의 화면을 좋아한다. 도저히 세세히 들여다볼 수 없는 방대 광활한 풍경은 내용도 수박 겉핥기 같아서 울림이 적다. 그냥 카메라앵글만 마구 돌린 것밖에 못 느낀다. 외려 단순히 연출된 서양화 같은 화면은 화면 밖 풍경과 소리를 상상 연상하게 된다. 잘라낸 외연이 한없이 확장된다. 그것은 바로 무수한 타인이며 그들의 관념과 감정이다. 내 인생과 별로 관계없이 돌아가는 저 바깥세상을 인식하는 것이다.

하얀 선이 그어진 운동화에 검고 긴 외투를 입은 민희의 뒷모습은 완고하고 단단한 의지를 내포한다. 어쩌면 그의 사랑 또는 그들의 사랑은, 슬픈 사제복의 뒷모습 같은 저 검정외투와 같을 것이다. 그를 온통 감싸고 있는 검정색의 화려한 슬픔…….

다양하고 수려한 음악으로 수선떨지 않아서 더욱 좋다. 영화에서 음악이 시도 때도 없이 울려서 때로는 사치스럽거나 군더더기 같을 때가 종종 있다. 감정이나 생각을 분산시키거나 별로 상승효과도 없는데 삽입한 것 같거나 관중은 그 음악의 효과조차 모른 채다.

홍상수와 김민희의 연애 혹은 사랑을 아직 과거형으로 말하고 싶지 않다. 그들은 정말 사랑했을까? 묻고 싶지 않다. 다만 이렇게 질문한다. 그들의 사랑은 사랑일까, 사랑이 아닐까? 그 사랑은 사랑의 실패일까, 완성일까?

현대엔 개인의 사랑 또는 개인의 권리와 인격을 존중하는 사고가 확장되고 그 여파의 흔적으로 이혼율이 높아진 사회가 되었다. 사랑에 올가미 같은, 어찌 보면 여성에게는 치욕적이고 남성에겐 개목걸이 같은 소위 불륜범죄인 간통죄가 법적으로도 사라졌지 않은가. 아직도 구시대의 두뇌와 관습적인 사고로 살아가는 사람들에게 '사랑의 현주소'가 있기는 있을까?

여러 생각을 하게 하는 매혹적인 영화다. 홍감독과 김민희의 실제관계로 착각하면서도 영화 속 조연들과의 대화와 우정, 개성적인 여배우들의 성격은 제각각 주인공 같았다. 여성 출연자는 모두 '일종 김민희'고 남자들은 '한편 홍상수'였다.

영화를 관람하면서 나는 생각했다. 나는 '김민희와 홍상수의 사랑'을 사랑한다고. 지금은 그들이 좀 힘들지라도, 그들은 이 사회의 사랑에 대한 의식을 깨워줄 종소리가 되어야 한다고. 지성인은 다분히 개성적이며 그의 삶 곧 사랑을 그가 선택할 권리가 있다. 남의 사랑에 왈가왈부 시시비비 간섭할 권리는 누구에게도 없다.

영화 속 대화는 답답하고 어둡게 잠겨있는 일상적 고정관념을 열려고 애쓴다. 무슨 언어로 변명해야 몰매 맞고 있는 개인의 사랑이 후련한 출구를 얻을 수 있을까? 불과 몇 사람의 우호적 관계에서, 그들이 응원하거나 인정하는 대화에서, 사랑을 구현하는 그들의 방식을 대중이 쉽게 이해할까?

어디서 읽었던가? 아니, 나는 또 다른 홍상수이거나 김민희였던 적이 있다. 사랑을 완전완벽하게 이해할 수는 없어도 완벽하게 사랑할 수는 있다는 것을 안다. 때로 저절로 흔들릴지라도, 사람들이 흔들어댈지라도, 사랑은 사랑하는 자만이 사랑할 수 있다.

아프지 않은 사랑이 어디 있으랴. 뜨겁지 않은 사랑이 어디 있으랴. 무분별하지 않은 사랑이 어디 있으랴.

김종학 비극

김종학PD가 자살. 2013년 7월 복더위 속의 찜통습기와 더불어 그는 내 일상을 끈적끈적 후텁지근하게 이끌고 있다. 가슴이 찌릿찌릿 저르르 아프다. 우리는 예술가 PD를 영영 잃었다. 이런 일이 벌어지는 환경이 정말 싫다.

예각의 정상에 서다가, 고통고난의 낮은 수렁에서 허우적이다가 생을 스스로 마감한 김종학의 영원한 안식을 간절히 빈다.

그의 이름은 엉뚱하게 내게로 왔다.

1991년. 딸애가 대학생이 되고, 대학교 앞에선 진정한 민주화를 위한 데모가 끊임없이 벌어지고 있을 때, 김종학은 〈여명의 눈동자〉라는 대하드라마로 등장했다. 그야말로 주제의식과 역사의식, 드라마의 미학을 민중에게 드라마틱하게 일깨운 드라마였다. 철조망을 건너 나눈 애타는 연인들의 장면은 기막힌 그림이었다. TV드라마를 시청하기에 만족했다. 젊은 시청자들은 자신의 키스장면보다 아름다이 추억하는 것이다. 김종학은 일약 스타PD가 되었다. 나는 〈여명의 눈동자〉 덕분에 정리되지 못한 친일파와 종군위안부 문제, 제주4.3항쟁과 여순반란사건에 대해 관심을 갖고 뒤적이게 되었다. 그때 소설가 현기영의 〈순이 삼촌〉을 다시 읽었다. 김종학이 만든 드라마 한 편이 역사와 민중의 희로애락을 뒤져보고 점검하고 비판할 줄 알라고 충고한 셈이다.

몇 년 후 1995년. 그의 명작드라마 〈모래시계〉는 여러 가지 특이한 전설을 남겼다. SBS서울방송에서 방영한 〈모래시계〉는 신문방송의 뉴스로 특별한 소문을 날렸지만 전라북도 전주시는 시청권 밖이었다. 드라마 시작을 알리는 주제음악이 깔리는 시간이면 서울의 밤거리는 조용해졌다, 남성들의 귀가시간이 빨라지고 술집마저 불황일 지경이다, 여성시청자 중심이던 드라마시청에 남성들이 리모컨을 들었다, 고 했다. 나는 서울의 친지가 녹화하여 보내주는 비디오테이프를 고속버스로 받아다가, 밤을 지키고 앉아 일주일 분치씩 넋을 놓고 보았다. 김종학 드라마에 푹 빠져서, 내 인생과 남의 인생을 함께 울었다. 실제인생을 어떻게 연출하느냐에 따라 '다른 인생을 제작 또는 조작'할 수 있겠다는 생각도 했다. 진실과 사실은 제거되고 무늬가 이쁜 포장지로 포장처리 되고 포장인식 되는 이 땅의 정치사와 정치인을 재평가하는 눈을 떴다.

〈모래시계〉의 장중하고 클래식하기까지 한 주제음악 〈백학〉. 아직도 눈을 순하게 뜨고 먼 하늘이나 푸른 나무나 풀한 떨기를 조용히 바라볼 때, 목구멍에서 저절로 밀려나온다. 가끔 길을 가다가 느닷없이 뒤돌아본다, 오빠와 나를 기억하는 이가 그 음악과 함께 뒤따르는 느낌 때문에.-요즘 다시 그런 느낌을 받는다. 1997년에 러시아에 갔을 때 〈백학〉악곡의 음반이나 뮤직테이프를 찾아서, 콧노래로 불러가며 물었으나 러시아인들은 고개를 갸우뚱거릴 뿐 모르고 있었다. 〈백학〉은 2차세계대전 때 독일전선에서 죽은 체첸인 병사를 기리는 시詩에 러시아 민속가락을 붙인 조곡이지만, 김종학PD의 창작혼創作魂 같은 음악이 되었다. 그는 영상미학과 영상음악의 귀재다.

〈모래시계〉는 5.18광주사건 속에 있던 청춘남녀들이 정치깡패, 특수부검사, 공작정치인, 부정한 사업가의 딸로 성장하며 얼키설키 살아가는 사랑과 열정의 드라마다. 김종학과 나는 자국군대가 자국민을 살해하고 핍박한 치욕적인 군사정권의 시대를 함께 통과하며 철이 든 세대로, 그는 나의 사십대를 변화시켜주었다. 그는 드라마로 자기의 말을 하는, 자기의 역사관 인생관을 말할 줄 아는 예술가였다. 그가 남긴 한 장면. 연기자 최민수가 사형수가 되어 사형당하기 전에 검사친구에게 한 말이 생각난다. "나, 떨고 있니?" 일과나 모임이 파하여 귀가하는 시간에 느닷없이 덜미를 잡혀 끌려갈 지도 모른다는 공포 속에 나도 가끔씩 스스로에게 물은 문장이니까.

그는 어찌하여 궁지에 몰린 채 자살을 선택했을까? 낯선 방의 창문을 꽁꽁 처 막고 연탄숯을 피우면서 그는 무슨 생각을 했을까? 오열하며 바들바들 떨었을까? 그의 고독이 아파서 눈물이 난다. 그가 더 높은 것을, 더 새로운 것을 추구하는 예술인 정신으로 드라마를 제작했기 때문에 그는 외롭게 쫓기는, 다친 야수가 되었다. 그의 작품에 등장하여 인기와 출연료를 얻어 사는 탤런트들도 그의 현실적 고충과 예술혼의 고독을 위로하거나 이해하지 못했다. 거대한 자본의 방송사는 쉽게 이익만 취하는 주구나 마찬가지다. 쓰러질 때, 다쳤을 때 손을 내밀어 도와주는 사람이 없는 야박한 세상은 살기 막막하다. 특히 예술적이고 창조적인 사람을 도울 수 없는 사회는 말기末期 암癌을 앓는 사회다.

아직도 나는 김종학PD의 자살로 인해 씁쓸하고 어찌 그렇다. 이런 세상에서 그는 뭘 더 추구하고 표현하려 했는지……

극장에서 3D영화를 보고, 최초로 3D드라마를 제작하여 안방에서 즐기게 하고 싶어 한 그. 시공을 초월한 '타임슬립' 드라마 〈신의神醫〉의 실패로 그는 고소와 투서를 당하고, 그 수사 압박감에 질식할 것 같던 그는, 결국, 현실로부터 현재로부터 영영 떠났다. 성남시 분당구 야탑동의 한 고시텔에서 화장실에 인화한 번개탄의 가스로 '독종(김종학의 별명)' 자신의 숨통을 막았다.

그의 자살에, 어니스트 헤밍웨이를 생각하고 일본인 노벨상수상작가 가와바타 야스나리가 떠오른다. 꽃미남 가수이자 영화배우인 장국영의 죽음도 생각난다. 그들의 죽음은 자살을 왜 하는가를 철학적으로 사유하게 했지만, 그러나 김종학의 처연한 자살에는 분노와 비애가 먼저 달려왔다. 우리 현실의 반영反映이기 때문일 것이다.

그의 죽음을 진정 애도할 수 있을까. 그가 그렇게 갔다고, 그렇다고 방송가에 거미줄처럼 얽힌 부조리와 비리가 변화될 수 있을까. 여태껏 멋진 대중예술인으로 생각해 온 방송관계자들이 비인간적 비인격적으로 느껴진다. 그 어떤 몹쓸 죄를 지었다고, 그를 죽음까지 몰아갔을꼬. 자살을 그가 했을지라도, 그를 그 궁지에 몰아넣은 것은 방송관계의 사람들이다. 자살은 한 사람이 했지만, 그로 인하여, 우리네 인생이 비참하게 느껴진다.

한국 TV드라마의 신화를 창조한 김종학PD. 나에게 현대사 혹은 역사를 교과서로 배우는 게 아니라고 가르쳐 준 김종학 PD. 아무리 잘 쓴 극본도, 아무리 허접한 탤런트도 연출가의 눈과 솜씨로 거듭나는 것이 TV드라마다. 연출가는 모르면서, 드라마 줄거리만 알고 탤런트 얼굴만 기억하는 시청자가 대부분일지라도, 연출가는 드라마를 완성하는 최후의 작자이며 진짜 예술가다. 그 사람 김종학은 오래오래 예술가로 기억될 것이다.

마왕 신해철이여, 또 다시 안녕!
– 신해철 2주기 추모콘서트에

하룻길만 길게 나가 있어도 집에 가고 싶다. '내 쉴 곳은 작은 집 내 집'뿐이다.

여러 사람들과 긴 여행, 짧은 여행을 떠나지만 대개 스치는 관계일 뿐 속내를 소통하지 못한다. 만나나 마나요 함께 밥을 먹으나 마나다. 어찌 썰렁하다. 오히려, 하늘과 풍경 속에서 아득히 멀어졌거나 죽어서 떠난 사람이 점점이 다가온다. 마음속으로 못다 나눈 사랑과 회한의 대화를 하고 나면 가슴이 조금 따뜻해진다.

이따금 전람회장이나 콘서트에서, 살아선 실제로 만나거나 입을 섞어 말을 나눈 적 없는 사람이 그리워지거나 속 시원히 소통되는 걸 느끼지 않는가. 음악은 그 소통도구로 최고다. 차내 방송에서 신해철 목소리가 흘러나오자 내 심장이 함께 출렁거린다. 신해철은 2014년 늦가을에 무한한 우주공간으로 떠난, 내가 좋아한 로커다. 다행히 그의 목소리가 남았다!

신해철은 늘 신세대의 선두에서 음악적 메시지와 사회적 실천을 일치한 멋진 뮤지션이다. 2014년 7월, 그가 〈시사IN〉 인터뷰에서, 아무도 그런 줄 모르는 '마지막 말'을 했다. "음악만은, 아무도 웃지 못하도록 할게요!"라고. 정말로 그의 음악을, 아무도, 비웃음 헛웃음 쓴웃음 코웃음 장난웃음으로 웃지 못했다.

그는 소신을 솔직하게 말하여 어떤 대중을 좀 불편하게 하고, 정치적 신념과 발언을 서슴지 않았다. 음악으로 현실을 노래하고 진중한 발언으로 현실을 분별하고 직시했다. 억압에 유야무야하며 물러서지 않았다. 올바른 생각을 하기도 어렵지만, 그 생각을 말하고 실행하기는 지독히 어려운 한국현실에서 주저 없이 지성의 목소리를 내며, 우는 민중과 함께 울었던 사람이다!

정부의 시녀노릇을 잘하는 편파적인 라디오를 호령하는 그의 혀는 민중의 해방구였다. 걸렁걸렁하면서도 따스하고 참

똑똑한 그는 언제나 신세대New age의 선두주자였다. 그가 1992년에 결성한 'NEXT'멤버는 이승철, 김종서, 윤상, 신해철로 정신과 영혼이 아름다운 진정한 로커들이다. 민중과 함께하는 그들의 정의로운 힘과 로커의 자존심이 굳건하기를 빈다.

내가 정의로운 대학생일 때 태어난 신해철은, 80년대 학생운동시절에 풋내기 청춘이었던 자기가 '사랑타령'만 노래한 일을 자책하며, 철들자 사회정의를 부르짖는 소셜테이너socialtaner(사회참여연예인)로 활동했다. 신해철은 "상식이 지켜져야 한다."고 주장하며 시민의 집단이익을 위해 자기 개인의 희생은 불가피하다며 행동으로 실천했다.

2009년에 벌인 〈고故 노무현 대통령 추모콘서트〉를 생생히 기억한다. 아니 추억한다.

"누가 노무현을 죽였나요? 이명박요? 한나라당요? 조선일보요? 저예요! 우리들입니다! 저는 가해자이므로 조문도 문상도 못했고, 담배 한 개비 올리지 못했습니다. 우리의 적들을 탓하기 전에, 물에 빠진 사람을 우리가 건지지 않았다는 죄의식을 버리지 않았으면 해요." 그의 통한은 곧 의식 있는 민중과 나의 통한이었다.

국민 위에 군림하는 정치인의 무기인 야비한 권모술수와 달리, 대중을 위로하고 격려하는 그의 무기는 음악이다. 1992년에, 신해철은 이승환, 윤상, 신성우, 이덕진 등과 함께 환경

보호콘서트 〈내일은 늦으리〉를 제작했다. 그는 진정한 지구인이다. 2004년에, 노동자시인 박노해의 시집 〈노동의 새벽〉 출간을 기념한 앨범을 제작하여 '록의 저항정신'을 '거리무대'에서 구현했다. 그는 자본주의사회에서 약자인 노동자의 아픔과 분노를 이해하고 위로했다. 아니 인간애를 어디에 어떻게 표현해야 하는지 아는 뮤지션이다. 윤도현, 이승환과 함께 '노무현탄핵 반대촛불집회'에서도 울분의 민중과 함께 노래했다. 그는 옳은 생각을 표현하고 실행하는 진정한 민주지사였다.

철학적이고 논리적이며 뇌흡입력이 강한 록 헤비메탈의 절대자인 그를 우리는 '마왕魔王'이라 애칭愛稱하고 경칭敬稱했다. 가장 특별하고 생생한 그의 음악은 소위 '테크노뮤직'이었다. 그의 리듬에 맞춰 얼마나 신명나게 팔다리와 머리를 흔들며 춤췄던가. 그가 영국유학 후에 '크롬'을 이용해 만든 전자음악은 아카펠라의 겹치기음音으로 A.D.A.D.반복의 '다른소리'를 창작한 것이다. 마치 심장의 박동음 같고 혈액이 전신을 건강하게 흘러 다니는 소리 같은 단순반복적인 테크노뮤직을 젊은이들은 활발하게 경쾌하게 받아들였다. 복잡한 현대인에게 가장 원초적인 편안함을 안겨준 악상樂想이다.-이 글을 쓰는 지금도 나는, 그의 테크노뮤직을 발성하며 머리와 발을 흔들고 있다. 하하하하.

신해철의 노랫말은 늘 '세계와 맞선 나' 곧 개인을 읊었다. 우리는 그의 노래로 나르시스를 얻고 이성과 관념이 충돌하는 형이상학의 세계를 함께 노래하며, 새로운 세상, 평화와 정의의 세상, 더 나아지는 인간적인 세상을 꿈꾸었다. 민중의 꿈이기도 했다.

그가 죽었다. 괜히, 의사의 실수(그를 수술한 의사는 반복실수를 저질렀고, 반드시 징계되어야 한다.)가 아니라 어떤 악마들의 질투가 그의 머리와 입을 봉한 것처럼 서럽다. 다시는 그의 새로운 생각과 의지, 새로운 음악과 구현을 만나지 못함이 슬프다. 혈기왕성한, 겨우 46세에, '저산소증 허혈성 뇌손상 및 패혈증'이라는 지루하고 짜증나는 병명으로 우리 곁을 떠나갔다.

그는 나의 삼사십 대를 깨우고 정신 차리라고 흔들었으며, 지금 삼사십 대인 내 딸과 딸의 친구들에게도 '다른 거울'이었다.

그는 마왕이다. 언제까지나 음악의 마왕이다.

젊은 영혼을 뒤흔든 비틀즈Beatles

얼후의 줄이 끊어질 듯 우이잉찌이잉 들려오는 저 곡은 '이매진Imagine'? 존 레논John Lennon의 명곡? 갑자기 킬링필드Killing field(캄보디아 폴포트 대학살 영화)의 즐비한 시체무덤과 캄보디아의 백골탑이 눈앞에 펼쳐진다. 피융! 핑 핑 핑 피융! 자기의 집 앞에서 다섯 발의 총탄에 쓰러진 존 레논이 눈 감은 영상 속에서 다시 쓰러진다. 참으로 생생하다.

군사정권하에서 좌충우돌하던 우리의 청춘에 단지 로큰롤 뮤직으로 대리열정의 추억을 준 젊은이의 우상 존 레넌. 오노 요코와의 사랑과 고독한 예술혼으로 세계의 젊은 영혼들을 열광케 한 뮤지션. 일찍이 엘비스 프레슬리나 클리프 리처드의 팝뮤직에 빠져 한국가요쯤은 무시하던 청춘들의 심장과 두뇌를 강타한 비틀즈 음악. 데모에 지친 저녁이면 막걸리와 라면을 마시고 씹으면서도 〈아워너 홀듀어 핸=I want to hold your hand〉을 세상을 흔들 듯이 불렀고 〈오블라디 오블라다 Ob-la-di ob-la-da〉는 대학시절 내내 청춘의 상처를 어루만져 주었다. 한강변 모래밭을 거닐며 〈Oh, my love〉를 감미롭게 흥얼거리기도 했다. 아, 우리 사랑 청춘이여!

비틀즈The Beatles는 존 레넌, 폴 메카트니, 조지 해리슨, 스튜어트, 링고 스타 피트베스트의 록그룹 명칭이다. 그들이 한국의 청년들을 휘어잡은 이유는, '자유로운 정신으로, 하고 싶은 걸 하는 어린 청춘들'이라는 점이었다. 그들의 노랫말은 바로 우리가 하고픈 말이고, 지루한 가요와 달리 활기차고 진취적인 멜로디와 격정적인 음악행위는 대리열정과 대리발산의 도구였다. 자유의 상징 같은 옷차림, 사고방식, 표현방식은 청춘의 선망이었다.

"아무것도 안 될 거예요."라는 고등학생 반항아에게 존의 어머니는 기타를 선물했고, 이모부는 펍pub=맥줏집에 데려가 기타연주가들을 실컷 보여주었다. 에딘버러 행 버스기사는, 버스 안에서 하모니카를 부는 존에게 감동하여 그에게 새 하모니카를 선물했다. 이러한 여러분의 사랑 깊은 격려가 그의 음악혼을 길러낸 것이다. 우리는 친구의 손에 손을 잡고 '아워너훌듀어핸'을 부르며 한통속이 되었다.

존 레넌은 자기의 행복을 원한 것이 아니라 청중의 행복을 원했다. 외로움과 쓸쓸함이 밴 목소리로 열창하며 묻곤 했다. "지금 행복한가요? 리버풀의 촌놈들이 여러분을 행복하게 하는가요?" 그렇다. 비틀즈의 음악은 청춘대중에겐 먹지 않으면 안 되는, 맛나고 영양가 있는 음식 같았다. 〈Yesterday〉〈Let it be〉〈Love me do〉〈I will〉 등등 우리의 빈곤과 난관을 잊히게 하는 희망과 공감의 노래였다.

로큰롤의 황제 엘비스 프레슬리의 성채를 허물고 〈Please please me〉로 팝의 일인자가 되었으나, 외로운 체질의 그는 시골길을 헤매어 다녔다. 결혼하여 아들을 얻었어도 그는 여전히 평화와 사랑을 그리워했다. 예술성은 고독한 것이다. 알 수 없는 그의 상처를 어루만져준 사람은, 자그마한 동양인 미술가 오노 요코Ono Yoko로, 비가 주룩주룩 내리는 날 결혼식을 치렀다. '숨을 쉬세요.'라는 작은 카드를 내밀며 존에게 나타난 여자 오노 요코는 존의 상처를 어루만져주고 존에게 신세계를 경험케 해주는 인도자였다. 〈Oh, my love〉는 요코를 향한 존의 사랑이었다. 방황하고 외로운 짐승 같은 우리 청춘들은 부끄러운 고백 대신에 '오 마이러브'를 열창했다.

그러나, 사랑으로도 외로움에서 헤어나지 못한 존은 인도에 건너가 수행자 마가라시를 스승으로 모시고 불교서, 인도

철학서, 요가, 명상을 공부했다. 그는 변화했다. 〈War is over.〉를 부르짖으며 월남전 반전캠페인을 전개하기 시작하며 반폭력운동, 평화운동 전시회를 열었다. 미국 미시간주로 이주한 그는 세계평화주의자들에게 깊이 새겨진 불후의 명곡 〈Imagine〉(1971년 작곡)을 발표했다. 바로 그 끔찍하고 잔혹한 폴포트 대학살사건을 영화화한 〈킬링필드〉의 주제곡이다.

평화 없는 세상, 폭력과 무기가 난무하는 세상에서 아무리 '아픈 영혼을 위로하는 사랑'을 노래해도 세상은 절망적이기에 그는 철저히 외로웠다. 잠시잠깐의 도피처는 술과 마약뿐이었다.

그러나 레넌에게 숨길이 트이는 때가 왔다. 아내 요코의 친정인 일본에 방문한 것이 새로운 눈을 뜨게 했다. "세상은 넓고, 각자 아름다움을 추구하며 살고 있다."고 절감하고 홍콩, 싱가폴, 케이프타운, 버뮤다 해변을 혼자서 여행했다. 그때껏 그가 목말라한 것은 사랑도 평화도 행복도 아닌, 오직 '자유'라는 걸 깨달았다. 비로소 "부처님처럼 평화롭게, 새롭게 살 것"을 다짐하고 난생처음 삶에의 자신감을 가졌다. 〈Double fantasy〉라는 마지막 앨범으로 그는 우리들, 팬에게 돌아왔다. 진정한 자기를 찾아 떠돈 그의 기나긴 방황의 끝이었다. 열매가 익으면 떨어지기 마련인가. 바로 그때에 그의 삶은 종지부를 찍고야 말았다.

존은 그의 집 앞에서 팬들에게 사인을 해주었다. 채프만이라는 팬에게도! 채프만은 비틀즈의 마지막공연의 사진을 찍으며 조용히 눈물을 흘린 후 공연장 밖의 땅을 파고 권총이 든 비닐가방을 꺼냈다. 그리고 잠시 뒤, 귀가하는 존에게 다섯 발의 총알을 발사, 존의 호흡과 목소리를 영영 끊고 말았다. 한밤 10시 반, 응급차 안에서 존은 마지막 말을 했다. "나를 쏜 사람을 봤어요. 누가 나를 쏘았는지 다 봤어요."라고. 존 레넌은, 겨우 인생을 알 만한 나이 40세였다. "바이, 존 레넌! 바이, 비틀즈!" 나에게 존 레넌 없는 비틀즈는 폴 메카트니가 있어도 기둥뿌리가 무너진 집이었다.

비틀즈의 음악은 새댁시절의 고단함과 불행감에 위로를 주었고 나는 주문처럼 노래하곤 했다. 〈Hey Jude〉를. 나는 지금도 주문처럼 첫 구절을 노래한다. "Don't make it bad!"라고! 레넌은 나에게 속삭인다. '행복은, 변화는 누가 도와주는 것이 아니라 바로 내가 만드는 것'이라고. '부자란, 돈으로 하고 싶은 것을 할 수 있는 사람'이라고. 레넌의 말대로라면 나는 부자다. 낡은 도덕의 힘에 구멍을 뚫으려는 나의 발길질은 헛발질이 되기 쉽다. 그래도 나는 스스로에게 말하며 용기를 낸다. "Don't make it bad!" 어제보다 나은 오늘이게 하고 오늘보다 나은 내일이 될 것을 꿈꾸며, 내 인생은 결코 잘못되지 않음을 믿는다.

존 레넌. 그는 내 청춘에 열정과 도전과 사랑을 깨워주고, 내 인생에 사상의 자유, 내 뜻대로 내 방식대로 사는 자유와 자신감으로 안내해준 영국인 뮤지션이다.

나는 요즘에도 중얼중얼 존의 노래 〈헤이 쥬드〉를 부른다.

쥬드, 모든 걸 나쁘게 여기지 마
슬픈 노래 한 번 들어 보렴. 기분이 훨씬 좋아질 테니
네 맘속에 세상을 받아들이겠다고 생각해 보렴. 기분이 좋아질 거야
쥬드, 두려워하지 마. 기회가 오면 과감히 부딪쳐 보는 거야
네 맘속에 세상을 받아들이는 순간 마음이 훨씬 편해질 거야
쥬드, 마음에 고통을 느낄 땐 늘 조금만 참아보렴
세상 모든 고통을 네 어깨에 짊어지지는 마
너도 잘 알지 않니? 자신의 삶을 모른 척 내버려두는 건 바보 같은 짓이지
그러니, 상심을 떨쳐버려. 즐거운 마음만 가지렴
쥬드, 이제 시작하는 거야.
넌 지금 인생을 함께 헤쳐 갈 누군가를 기다리는 거야
그런데 그 누군가가 바로 '너'라는 걸 아니?
쥬드, 넌 꼭 해내고 말거야
네가 필요로 하는 변화는 바로 너에게 달려 있어!

나는 수시로 세상과 화해한다. "Don't make it bad!"라고 타이르며.

세상이여, 내 손을 잡아 주세요. 난 당신의 손을 잡고 싶어요!

꽃 없는 화병花瓶
– 서승아의 부토 공연에 부쳐

1. 첫대목

효과음; 제2의 애국가 〈고향의 봄〉이 아득하게 들려오다 점점 분명하게 울려 퍼진다.

몸짓; 온통 하얀 배우가 빨간 꽃신 한 짝 신고 청둥호박을 머리에 이고 무대로 나온다.

에고, 이미 천상의 영혼이 된 어머니가 소복차림으로 사슴사슴 다가오시네. 꽃신 한 짝을 왜 못 버리셨을까? 아직도 이승의 꿈 한 쪽을 꾸고 계신 걸까? 저 가슴과 허리를 졸라맨 옷자락 속엔 서리서리 무엇을 품으신 걸까?

문득 8년 전에 선서하신 어머니가 백운白雲이 몽실몽실한 여름하늘 멀리서부터 차츰차츰 하강하신다. 어머니가 돌아가시기 전날까지 드신 호박죽 한 보시기! 죽은 자는 말이 없다지만 어머니는 생애의 만단설화를 끌고 한 발작씩 나에게 다가오시네. 배우의 슬프게 검은 눈구멍, 비통하게 일그러진 검은 입구멍. 비척거리는 걸음걸이로 능소화보다 붉은 꽃신을 신고 다가온다. 아니, 어머니의 혼백이다.

어머니는 예토이승에 무슨 미련 있어 극락정토에 안거하지 못한 것일까? 아니, 아니, 막내딸인 내가 아직도 어머니와 마저 이별하지 못한 것일까?

어머니란 존재는 한 여자의 꿈을 사장死藏하는 곳. 꽃 같은 여자가 아내가 되면 이내 여종이 되고 일꾼이 되어 이내 시들어버리지. 어머니가 되면 새 꿈을 아이에게 심어 보지만, 그것은 여자의 꿈이 아니라 희생과 인내와 고행일 뿐. 아내이고 어머니이기 전에 한 인간이고 한 여자인 그는 어디에도 없구나.

저 머리 위에 큼직하게 잘 여문 청둥호박은 어머니가 생애 동안 얻은 결실인가 보람인가? 아니다. 어머니가 성년의 여자일 때 꿈꾼 '멋진 인생'일 것이다. 죽어서도 버리지 못하는 꿈. 이루지 못했기에 미련이 있는 꿈. 살아생전 내내 한 치 가슴속 저 깊은 곳에 묻어두고 진흙탕길 인생길을 진솔하게 인내로 버텨냈을 것이다.

어찌하여 그 긴 세월동안 더불어 살면서 어머니의 꿈=소망을 단 한 번도 묻지 않았을꼬. 어머니는 꿈을 가지면 안 되는 사람이더란 말인가. 어머니는 미수米壽나이까지 무슨 힘으로 버티었을까? 저 배우처럼 어머니는 인생행로를 절룩절룩 고단하게 걸었던 건 아닐까?

이제야 어머니의 인생행로가, 어머니로서의 삶이 보인다…… 한 인간으로의 삶이 보인다…….

2. 둘째대목

효과음; 기차바퀴가 철로를 구르는 소리가 아득하다. 기차가 철거덕 달리는 소리 점점 크게 가까이 울린다.

몸짓; 무거운 늙은 호박을 내려놓는다. 조심조심 무대에서 땅바닥으로 내려와 이리저리 휘둘러보며 다닌다. 외짝 꽃신의 발을 높이 큰 걸음으로 옮겨 딛곤 한다.

이미 시작한 길, 걸어가야 한다, 종착지까지. 세상을 조심조심 살피며 허방을 딛지 않게, 진흙탕에 넘어지지 않게……

예토세상을 건너가는 지혜가 생기리라…… 어머니는 종교심을 굳건히 쥐고 조심스럽게, 점점 당당하고 의연하게, 고개가 닥치면 고개를 넘으리라, 물이 가로막으면 혼신을 다해 도강하리라, 어머니는 어머니의 등대이고 자식의 등대이므로……

저 기차 안에는 얼마나 다양한 삶이 승차하고 있을꼬. 어머니는 세상과 동행하기로 했을 것이다. 그렇게 걷고 뛰고 숨이 차도록 헉헉 걸었을 것이다. 기차처럼 종착지까지, 철로를 이탈하지 말고 질주해야 하니까…… 어머니의 번민 슬픔 환희 자비 소망 종교 공부…… 를 싣고……

서예가였던 어머니는 자기구원으로, 아니 자기발현으로 붓을 쥐기 시작했을 터이다. 내가 연필을 쥐어야 했듯이, 글을 써야 했듯이…… 풍우에 쓰러지지 않는 거목으로 성장하기 위해 백팔번뇌百八煩惱와 희로애락애오욕喜怒哀樂愛惡欲을 사유하고 버무리며 때론 웃고 때때론 우셨겠지. 산다는 게 제 뜻대로인 건 아니지 않은가…….

3. 셋째대목

효과음; 바람소리 물소리 피리소리가 기차소리에 끼어든다. 점점 우렁차게 울린다.

몸짓; 계단을 힘겹게 오르락내리락한다. 땅바닥에서 뒹굴고 흙을 집어 던지고 소리 없이 포효한다. 그러다 물끄러미 서 있다.

지혜롭고 자애로운 어머니의 인생에도 바람이 불고 비가 내리기도 했을 것이다. 그래, 삶은, 오욕칠정五慾七情이 가장 위대한 교과서지. 노력하고 인내하고 성실해도 미치고 환장하겠는 것이 인생살이 아닌가. 일제치하에 태어나 여아이므로 차별대우를 받았고 아내인 고로 섬기는 사람으로 살았지. 어머니는 모든 사람의 뜻을 받은 여자. 낮은 자리에 서는 것이 하늘의 절대명령인 양 순종하고 살았지. 어머니는 살아생전에 천국과 지옥을 경험하셨다!

어머니의 인생이란 소리 나지 않는 발성 같은 것. 결코 터지지 않는 벙어리 냉가슴 같은 것. 공중의 외줄에 매달려 퍼덕이는 춤사위 같은 것. 그래요 어머니. 살아보니 그래요. 이제야 어머니의 심정을 조금 알 것 같아요. 땅을 치며 통곡하고 하늘 향해 삿대질하며 원통절통하다 가슴을 쳐도 해원解冤되는 것은 없어요.

중년의 어머니는 쫓기는 사람처럼 잠을 줄이며 야독하고 서도書道에 정진하셨지. 관객들의 땀냄새 속에서 묵향墨香이 흘러온다. 내 어머니의 향기다. 그리운 우리 어머니 냄새다.

4. 넷째대목

효과음; 가수 남인수의 〈꽃 없는 화분〉이 옛 소리로 흐른다.

버젓이 버젓이 맺지 못할 인연을/ 무리로 무리로 맺은 것이 원수다

꽃 없는 화병에 꽃이 필 쏘냐/ 아, 철없는 청춘이 원망스럽다

번연히 번연히 알아차린 결말을/ 피 없는 가슴에 맥이 뛸 쏘냐

웃으며 웃으며 속인 것이 원수다/ 아, 꽃다운 청춘이 야속스럽다

눈 뜨곤 눈 뜨곤 꺾지 몰할 꽃송이를/ 눈 감고 꺾은 것이 원수다

때 아닌 밤중에 해가 뜰 쏘냐/ 아, 못생긴 청춘이 야박스럽다

몸짓; 힘겹게 무대로 올라간 배우가 한참 호박을 내려다본다. 번쩍 들어올려 내박친다. 청둥호박이 박살난다. 웬일인지 만장한 여성관객들이 무희와 함께 박수를 친다. 저절로 소통한 것이다.

어느 날, 어머니는 묻어둔 분홍빛 청춘의 꿈을 미련 없이 내던지고 생활인이 되어갔을 것이다. 아버지의 내조자, 자녀들의 후견인, 교회의 독실한 봉사자, 외로운 이웃의 친구가

되어갔다. 세상과 어울려 놀며 박수를 쳤다. 어머니는 그렇게 사는 것인 줄 알았다.

어머니가 그랬던 것처럼 나도 어머니가 되자 그렇게 살게 되더라. 삶은, 여자의 삶은 아직도 내림인 것이다. 스스로 배우가 되고 관객이 되면서 시간은 흘러갔다. 비로소 자기를 몽땅 버리고 남과 한통속이 되어간 것이다.

그런데, 그런데 말이다. 어머니는 어떻게, 어째서 청춘의 꿈을 내동댕이쳤을까? 반려자인 아버지는 지성인이고, 이름난 야구 투수고, 한량이고, 근사한 아버지고, 여행을 함께 다니고, 멋진 남편이라고 생각했는데…… 그래도 어머니는 오직 자기 자신일 수 없었기 때문이었을까…… 진정 자기를 포기하지 않으면 더불어 살아갈 수 없는 것이 인생인 것인가…… 내 꿈을 박살내고도 나도 살 아 왔 다……

5. 다섯째대목

효과음; 노랫소리가 서서히 사라진다.

몸짓; 사람들의 박수가 요란할 때 배우는 나온 곳으로 굽은 등을 보이며 쓸쓸하게 사라진다. 꽃신 한 짝을 벗어던지지 못한 채 유난히 빨간 발을 절룩절룩 딛으며 사라진다.

한 판 생놀이란 저러이 허망한 것인가. 아니 못 다 푼 원願은 남는 것. 그러기에 죽어가는 자마다 다시 태어나고 싶어 할 테지. 내 어머니도 허상의, 깨어진, 만신창이의 인생을 길게 끌며 이승에서 퇴장했다. 사랑하고 존경하는 어머니는, 나에게 그 허무를 남기고, 홀로 가셨다!

임종까지 어머니의 왼손을 잡고 있던 내 손을 살며시 빼내어 세 번 손을 흔드신 후 덜컥 호흡을 멎으셨다. 그 뒤로 8년 동안 단 한 번도 꿈에라도 오시지 않은 어머니. 그 어머니가 현신하셔서 이승살이 한 판 연극을 보이셨다.

서승아의 부토공연 〈꽃 없는 화병〉은 어머니의 인생을 반추하게 했다. '어머니로 살아야 하는 여자의 일생'의 그림연극이었다.

서예가 정휴당貞休堂 문순길文順吉
2007년 4월 29일 선서하심.

○○○○●

5부

하반영河畔影 화백의 초상肖像

1. 아버지의 만다라

아버지!

아버지 가시자, 알래스카 동토의 작고 노란 꽃이 자꾸 보여요. 이제, 알아보기도 힘든 그 꽃을 누가 발견하고 바라보아 줄까요, 아버지!

환갑연세에 프랑스유학길에 오른 아버지는 이미 준비된 '동양의 피카소'였어요. 아니, 아버진 불행한 나라에서 태어나 열정과 예술탐구정신으로 세계적인 화신畵神이 된 분이어요.

그림은 만국공통어라며 그림을 그려 보여주며 유럽의 여러

국경을 통과한 일화는 재미났어요. 저 갈대들판을 홀로 나는 새, 〈비자 없는 나그네〉의 새처럼 60여 개 나라를 떠돌 듯이 그림 그리며 다닐 때, 에스키모들과 함께 이글루에서 살던 동토에서 발견한 손가락만 한 꽃에서 위대한 생명력을 발견했다고 하셨지요. "마치 내가 아는 김용옥 시인 같은 꽃!"이라 하셨지요. 아버지는 그림으로 시를 쓰신 분. 아버지는 이야기로 세계여행을 시켜주신 분이었어요. 중국어통 손녀, 일본어통 손자, 영어통 며느리와 즐거이 나누던 영화와 야구, 문학과 연극, 서예와 미술 이야기를 이젠 누구랑 하실까요?

아버지.

해방전후의 문화예술계 옛날이야기를 어느 어른께 여쭈며, 난세의 낭만적, 열정적 예술혼을 어디서 만날까요?

부산 피난시절. 여관방에 담배연기 자우룩 피우며 둘러앉아 하루 한 끼 밥상을 불러먹고는, 이중섭 선생이 담배은박지에 밥값을 그려주고, 아버진 화선지에 갈대밭 위를 나는 노안蘆雁을 그려 광복동시장에 들고 나가면 미군들이 불티나게 사갔다면서요. 그 돈으로 한 달씩 밀린 숙박비를 지불하셨다지요. 저승의 숙박비가 밀리거든 이번엔 먼저 자리 잡은 이중섭 선생께 물리시어요.

전주에서 페인트상점 '개척사'를 하신 이응로 선생님, 아버지가 늘 스승님으로 존경한 오지호 선생님, 한하운 시인님이

랑 벌써 만나셨겠지요. 미당 선생님은 '구경하는 까치부부도 없는 저승엔, 반영이가 희롱할 여자도 없다.'며 잘 놀다 왔느냐고, 늦게 가신 아버지를 놀리시겠지요.

아버지.

연극과 영화의 벌판을 함께 누비던 조진구 아저씨와 사부로 아저씨는 아버지를 알아나 보실까요? 연극계의 거목 박종화 선생님은 아직도 소년처럼 웃으시며 맞아주시겠지요! 너무 오랜만의 해후라서 얼굴을 잊었을까 싶어요. "시를 쓰면 배고프니 그림을 그리게!" 글을 쓰면 가난하니 그림을 그리라고 충고하신 김해강 시인 말씀과 금릉 선생의 격려 덕에 그림을 그리셨다죠. 아버진 그림으로, 평생, 불우한 자와 학비 없이 공부하는 자들을 수없이 도와주셨으니, 그림은 아버지의 복덕을 짓는 도구였어요.

무지하고 몰상식한 사람들에게 빼앗기고 빼앗겨도 그릴 수 있는 한 그려서, 주고 주고 또 주신 아버지. 부지런히 1만 점을 그려도 한 가정에 한 폭씩 걸어줄 수가 없다며, 예술품은 작가를 떠날 때 예술적 가치를 가진다고 하셨지요. 그래요 서랍 속의 문학은 문학이 아니듯이, 창고 속의 그림은 그림노릇을 못하지요. 예술은 나눠서 함께 공감하고 허기진 정신의 위로가 되어줄 때 가치가 생기지요. 예술가는 앞서가는 예술성을 끊임없이 추구하는 방랑자라지요.

아버지.

아직도 못 다 그린 그림은 마하=우주의 공간에서 그리시어요. 97세 2월까지 붓을 들었던 오른손을 마지막으로 꼬옥 잡아 보았어요. 아버지, 제 손의 온기를 기억해 주시어요. 그 손의 에너지로, 아버지가 최후까지 탐구하고 표현한 빛의 세계, 생성의 세계, 마하의 세계를 광대무변한 우주공간에 그리시어요. 이제부터 신의 세계를 표현하시어요!

아버지.

작은 우리 아파트 가득 아버지의 그림을 펼쳐놓고 바라봅니다. 아버지가 이 세상에 남겨주신 만다라입니다. "큰 집을 마련하여 김 시인과 함께 살다 가고 싶다." 하신 소망을 이루어드리지 못해 죄송합니다. 거의 반세기의 인연 동안 저에게 단 한마디도 궂은 말을 아니 하신 아버지. "김용옥 시인을 안 것이 세상에서 가장 잘한 일"이라며 제 삶을 꽃으로 봐주신 아버지. 친정아버지 가신 후 30년 동안, 다수운 새 아버지였어요. 야구피처 친정아버지와는 37년간 이승살이를 함께 했고, 화가 시아버지 당신은 48년 동안 제 곁에서 지켜보아 주셨어요.

아버지.

빨주노초파남보, 아버지의 색 색 색 세상이 무념무상 빛 고운 만다라입니다. 이 세상의 눈과 눈에, 가슴과 가슴에 안겨

준 아름다운 유산 속에 아버지는 영영히 기억될 것입니다.

아버지. 이제 서울에, 익산에, 군산에, 상관에, 전주 어디를 가도 "아버지, 저 왔어요!"하고 말할 곳이 없습니다. 이젠 아버지가 가끔 찾아오셔서, 동토의 작고 노란 꽃송이를 바라보아 주시어요!

아버지. 저의 친정아버지 어머니께 제 안부를 전해 주시어요. 합장!

2015년 1월 25일 하반영 화백의 선서仙逝에
큰며느리 김용옥 시인 올림

2. 3인의 인생을 산 기재奇才

예술가 하반영 화백의 일생이 만 96년 11개월. 한국식 나이 98세이니 상당히 긴 인생이지만, 그가 생의 종착점에 닿은 일은 아쉽고 서운했다. 망백전望百展(91세에 한 전시회)을 열고도 여러 전람회를 가졌지만, 내내 소망하신 건 백수白壽전 소위 백세百歲를 맞는 전람회였다. 97세 노령-2014년 5월까지 붓을 든 하 화백의 오른손은 대한민국에서 가장 위대한 예술가의 손이었다.

하반영 화백의 소천을 바양하기 위해 전북의 큰별들이 둘러앉으셨다. 건축학자 장명수(전북대학교 총장, 전북예총회장 역임), 시인 최승범(전 전북대학교 교수), 시인 김남곤(전북일보 사장 역임), 시인 채규판(전 원광대학교 교수), 이인철(전북체육연구원장), 화가 권병렬(원로 동양화가), 시인 소재호(전북문인협회 회장 역임), 화가 선기현(전북예총회장), 아동문학가 서재균(언론사 편집국장 역임), 화가 장석원(전북도립미술관 관장) 선생님들이 둘러앉아서 아버지의 우주여행을 전송했다.

"아무리 생각해도 신기한 인생이야. 흔히 기인奇人이라고 하지만, 이 양반은 기재奇才이시네. 한 사람의 인생이 아니라 마치 세 사람의 인생을 산 것처럼 사신 분이지!" 장 총장께서 한마디로 요약하신 송사送辭였다. 쓸쓸하게도 아버지가 너니나니 부르시던 친구들은 모두 타계했다.

아버지가 훨훨 자유혼으로 가신 세계는 '아버지의 추상화'와 같을 것이다. 만년에는 신과 우주, 빛과 대화하셨다. 인간에 대한 사랑, 세계만물에 대한 사랑, 자연우주에 대한 사랑으로 화면을 채울 때 가장 행복해하셨다. 아버지가 진짜 예술을 추구한 결과라고 했다. 뇌혈전 수술 후 오른쪽 시력을 잃었지만, 독서와 TV의 야구중계와 음악회와 공연, 영화감상을 즐기셨다. 그것들은 그림의 추상세계로 인도하는 졸밥이었다.

나는 아버지의 붓발이 드러나는 그림을 사랑한다. 마치 실수한 것 같은 범벅 색, 점, 선에서 붓의 길과 색의 길을 읽으며 대화를 한다. 나의 글도 그럴 수 있기를 추구한다. 내 사상과 혼의 색깔이 있고 글발이 있고 추상성=이미지가 있는 글을 쓰고자 노력한다. 아버지는 내 문학인생의 갈길을 그림으로 안내해주신 셈이다.

하반영 화백은 남 보기에 가난했으나, 정말은 한번도 가난한 적이 없다. 평생동안 남에게 주고도 줄 것이 넘치게 사셨으니까 말이다. 때때로 사실화나 정물화, 풍경화나 인물화를 그렸다. 보통대중이 그런 그림을 좋아해서 잘 팔렸으니까. 돈이 있어야 화구를 사고, 생활을 하고, 타인을 도울 수 있으니까.(=하 화백님의 말씀이다.) 생활과 예술은 인생의 양 손 양 발인 것이다. 생활만 좇아 살면 먹다죽는 인생이고 예술을 추구하고 살면 제대로 살다죽는 인생이라셨다. 그러나 아버진 어떤 사람도 무시하거나 차별한 적이 없다. "모두 다 사람이니께! 그림을 볼 자격이 있는 거여. 가난하다고 무식하다고 그림을 볼 수 없다면, 그거 불행한 거여!" 아버지의 명언이다.

영영 작별하기 일주일 전, 아버진 스마트 폰에서 흘러나오는 대중가요 〈내 나이가 어때서〉를 흥얼흥얼 부르셨다. 아버지는 나이트클럽에서 원맨쇼를 두어 시간씩 하시던 때를 추억하시나……. 새로운 걸 경험하고 배우기를 좋아하시지……. 천진한 어린아이 같네……. 점점점 아버지의 〈백수전〉은 가물가물 멀어지고 있네…….

자유로운 영혼, 자유로운 사랑, 자유로운 여행, 자유로운 예술세계로 화신畵神이 된 하반영 화백! 오직 그림으로 밥을 먹고 술을 마시고 남녀노소 친구를 사귀었다. 오직 그림으로 고아와 장애인을 돕고, 빈자와 죄인에게도 기꺼이 사랑을 나눈 아버지. 1994년부터 〈반영미술상〉을 제정하여 청년화가를 격려해왔다. 젊은 화가는 부자가 없다. 걸작은 고독과 가난에서 나온다고 했다. 예술가가 스스로의 철학과 사상을 작품에 담는 것이 중요하다고 했다. 한때, 사람들이 아버지의 예술을 악용하고 착취하는 것 같아 짜증스럽기도 했지만, 그렇더라도 그것은 아버지의 무한한 자애심이요 덕업을 짓는 일임을 깨달았다. 사랑이란 진실로 나누는 행위다. 아버지는 붓 외엔 언제나 빈손이었다.

그렇게 지상에 남겨놓은 아버지의 〈빛깔〉 속에 하반영 화백의 예술혼은 영영할 것이다.

3. 비향秘香 비색秘色

꽃은 갓 피어서 향기롭지만 하반영河畔影 화백은 노령에 들수록 향기롭다. 세상의 혼탁과 허세에 물들지 않은, 묵향墨香 닮은 향기다.

묵墨은 제 몸을 물과 돌에 곱게곱게 갈아서 거듭날 때 비로소 제 색과 향기를 머금는다. 하 화백은 노옹이 될수록 24색色의 다양한 먹만큼 다양한 비색 비향을 품어낸다. 망백 노년에 그린 추상화에는 갖가지 묵색, 곧 검정색이 신비하다. 그는 역시 먹색을 가장 잘 아는 한국의 화가요 동양의 화가다.

1985년 초. 일본 NHK방송국에서 취재를 온 적이 있다. 일본에선 이미 하반영 화백을 '동양의 피카소'라는 별칭으로 소개하고 있었다. 그때 그는, 전주 '경기전'을 "내 화실!"이라고 소개했다. 경기전이나 '오목대', '풍패지관豊沛之館=객사客舍'에 자주 캔버스를 세우긴 했지만, "나는 일찍이 조선의 화가다!"를 은근히 비유한 것이 아닌가, 생각한다. 경기전은 조선朝鮮 태조의 어진御眞을 모시고 조정의 예禮를 지킨 '작은 궁궐' 아닌가. 일찍이 1931년 일제강점기 때, '조선미술전람회'에서 〈나팔꽃〉으로 최고상을 받은 천재적 화가로, 한국화단의 거목이며 생생한 역사다.

그는 이미 세계의 화가이지만 한국인 화가로서의 자존심을 지킨다. 지필연묵紙筆硯墨의 성질에 능통하여 한국의 정신, 나아가 동양정신의 미술화에 천부적이다. 소위 동양산수화, 묵화, 문인화, 서예에 활달능통하다.

"피카소, 모네, 고흐나 고갱도 동양에 대한 그림을 그렸어. 그래도 동양화가라고 안 해. 수수천년 장구한 세월을 이어온 동양인의 철학을 모르는데 어떻게 동양화를 그려? 서양에는 동양화가라는 말이 없어. 미국에서 백년을 그 문화를 배워도 그 사상과 철학은 몸에 배게 못 배워. 유전이 안 돼. 그리고 유화를 서양화라고 하는데, 재료만 따져 봐도 우리 조상이 유화를 먼저 그렸어. 궁궐이나 절에서 단청할 때 사용하는 아교가 바로 오일물감이여."

내 것을 모르면서 남의 것 좀 배우면 그것만 내세우는 건 자존감이 없기 때문이다. 나를 알고 남을 알아야 제대로 아는 것이지 않은가.

"내가 무엇으로, 무엇을 그리든지 내가 그리면 한국화여. 한국인이 그렸으니께."

지당하다. 어떤 사상과 철학을 가지고 썼든지 간에, 한국인이 쓴 시가 한국시임에 틀림없다. 다만 얼마나 문학에 천착하고 어떤 예술혼으로 창작에 절차탁마하느냐가 문인의 문제다. 나는 예술에 대한 아니 문학에 대한 진정성을 아버지의 말씀을 듣고 재고再考한다.

"예술은 자기 혼과 철학이 있는 창작이야. 혼란과 격랑의 시대를 살아가지만 진정한 화가라면 순수한 혼으로, 나와 나의 삶을 표현해야 해. 남을 흉내내면 내 그림이 아녀. 오직 물감하고 치열하게 싸워 보고, 끊임없이 자기 흔적을 그려야 해. 사람마다 철학이 다른데 누가 남의 예술을 왈가왈부해."

하 화백은 이제 '자기자신의 완성' 단계에 드셨나 보다. 세상의 추악함과 허세, 욕심을 버리고 오직 자신을, 자신의 그림을 완성한다. 말씀 한마디 한마디에 귀 기울이면서 '아버지는 모든 것을 살아 보셨다'는 생각이 들었다. 그냥 나이든 것이 아니라 상상하기 어려울 정도로 동서양을 체험하고 독서하고 그 정신을 길렀으니, 아버지는 방대한 철학서고 예술서고 세계여행서다. 아버지의 두뇌라는 저장고 혹은 생산창고는 깊이도 넓이도 가늠하기 어렵다.

아버지의 그림과 이야기 속에는 소말리아 기아자饑餓者와 캉캉무희가 다녀가고, 담배포장지나 상품상자에서 예술의 마그마가 들끓고 냅킨에서 꽃나무가 피어난다. 천지창조의 빛이 혼돈과 어둠을 가르고 돋아나기도 한다. 그의 붓을 통하여 생명의 근원이 되는 저 순백의 빛 한 점을 발견하는 기쁨은 황홀하다. 한 생애를 관통하는 사랑을 느끼기 때문이다.

반영아버지는 마하=우주와 생명과 지구의 생성, 빛의 교향악을 끊임없이 탐색하고 추구하고 표현해낸다. 나는 깜짝깜짝 놀란다. 마하=빛의 속도를 그림으로 표현할 생각을 하고, 표현하다니! '마하'를 쓴 시를 읽은 적이 없다. 나는 아버지 덕분에 마하를 화두 삼아, 시를 오래 생각했다. 하 화백의 정신세계는 활화산처럼 새로이 폭발하고 생성된다. 나는 저 '끊임없이' 정신을 기필코 배워야 한다.

"아가, 이건 네가 간직해라."

이순을 넘긴 나를 아직도 '아가'라고 불러주는 어른이 계신 것만으로도 다숩다. 황색의 유화물감이 주루룩 방울, 주루룩 방울 대지를 적시는 추상화 한 점. 즉각적으로 그 의미가 전해왔다. 대한민국 제16대 대통령 노무현을 추모하는 그림이다. 노老 화백보다 30년이나 젊은 노무현 씨는 할 일이 아직도 태산 같은데, 영영 갔다.

"너, 정말 잘 썼어. 〈면목 없습니다〉 말여. 참말 잘 썼어."

"엄마가 수백 마디로 쓰노라고 애쓴 것을, 할아버진 그림 한 장으로 턱 표현했네. 딱 노무현 대통령 이미지잖아요!"

얼마큼 더 사유하고 깨어나야 저 예술성을 닮을까. 아버지의 기력이 쇠잔해지는가 싶으면 가슴이 덜컥 내려앉는다. 내가 무엇을 묻거든, 그 누가 아버지만큼 대답해 줄 수 있으랴. 누가 내 삶에게 연민을 나눠주랴.

"할아버지, 이런 그림은 어떻게 그려요? 칼로 갈라서 벗기나, 손톱으로 긁나?"

"그거, 어려운 거여! 그렇게 균열을 예측하고 그리기가 굉장히 어려워. 내가 이렇게 될 거라고 안 하더냐. 지금 나라꼴이 이게 뭐냐. 땅이나 사람이나 짝짝 갈라질 대로 갈라졌어. 세계도 그러잖여."

우리네 살빛 같은 바탕물감에 좍좍 검은 균열이 가고, 말라서 들떠버린 물감이 이리저리 비틀리게 말리는 그림을 상상해 보라. 그 추상화는 가문 논바닥보다 더 비참하고 참담하다. 이 나라 정권도 대지도 민심도 짝짝 갈라지고 메마르고 들뜨거나 검은 수렁이 생기고…… 세계는 지진에 쓰나미에 원전붕괴에 화산폭발의 재앙에다 권력과 경제싸움의 자국이 기주의로 쩍쩍 갈라지고 있지 않은가. 이 모두 인간의 오만과 탐욕이 자초한 일. 인간 본디의 순수성과 정직성으로 사랑을 나누며 사는 평화의 세상은 더 이상 존재될 수 없다. 절망인가, 희망인가. 최후의 나락인가, 도약점인가.

수개월 전 이 그림을 처음 보았을 땐 단순하고 평범한 화면이었는데 시간이 갈수록 다양한 균열이 생기고 있다. 아버진 물감의 두께와 오일의 농도를 계산하여 그린 것이다. 시간이 주는 미래의 변화까지 예측하고 표현법을 모색하여 그림을 그린다. 수개월 후 이제야, 손에 닿지 못하도록 유리액자에 그림을 가두었다. 역시 진정한 예술가는 끊임없이 세계를 읽는 자며 미래를 예지하는 선지자다.

"인생이란 무대 위에 우린 모두 도구여. 큰 도구도 작은 도구도 모두 있어야 돼. 몫이 다 달라. 각자 자기 몫을 다하면 돼. 나보고 서양화를 그린다고 허는디, 그건 아녀. 한국인의 정신과 혼으로 한국화를 그리는 거지. 내가 파리 유학시절에 고향이 그리우면 군산바다와 만경강가의 갈대밭이 참 그리웠어. 그래서 갈대밭을 그려 출품한 것이 콩파르종 공모전에서 금상을 받았지. 서양화를 흉내냈다면 어림없었을 거여. 그때 마침 파리에 오신 오지호 선생께서 동석하여 축하를 해주셨어. 미테랑 대통령에게 직접 수상했어."

1979년 9월, 환갑연세에 꿈에도 그리던 파리로 떠나셨던 아버지를 생각하니 지금도 뭉클해진다. 길면 6개월을 기약하고 떠난 아버지는 5년 후에야 귀국했다. 프랑스 제7대학에 학적을 두고 일본어로 강의를 들으셨단다. 당시 가수 정미조도 재학중이었단다. 아버진 육십에 광막한 인생의 바다를 새로 개척한 것이다. 아아, 그 그림! 광활한 갈대밭 위 창공에서, 날개를 펼친 커다란 새 한 마리가 그림자를 갈대밭에 남기며 날고 있는데 〈비자 없는 나그네〉다. 아, 인생. 우리는 이 세상에 비자 없는 나그네 아닌가. 받아준다는 곳 없어도 갈 곳이 천지간인 고독한 나그네. 우리는 살아있는 한 비상을 멈출 수 없는 한 마리 새인 것이다.

화가 하반영. 그는 그때 이미 타인과 서양을 통해 자아와 동양정신을 발견하여 자기만의 예술혼으로 내포시킨 화가다. 세계인의 심중을 이해하고 위로하는 세계인의 화가다. 세상사의 어떤 그물에서도 자유로운 정신으로 회화세상을 여는 세계적인 화가인 것이다.

"한국과 중국의 화는 모필毛筆문화야. 그런데 요즘 화가라는 사람들이 붓을 다룰 줄 몰러. 붓으로 제 이름 석 자를 못 쓰면서 어떻게 우리 역사와 문화를 제대로 이해하는 화가인가 모르겄어. 내 것을 알아야 남의 것도 제대로 이해할 수 있는 거여."

화가는 붓과 씨름하여 붓을 능가해야 한다. 하 화백의 그림은 늘 변모하고 변화한다. 언제나 인생이 미완성인 것처럼 인간이 추구하는 예술도 미완성이라는 것이다. 아버지의 성소聖召는 그림이다. 그림 속에 조물주의 천지창조를 증거하고 생명생성의 씨앗인 사랑을 구현한다.

서둘러 살아지는 인생이란 없다. 일제강점기에 이 땅에 던져진 후 가난과 좌절, 피로와 방황, 고통과 회한을 실컷 맛보면서, 미술이라는 예술을 선택하였으므로, 아버지 하반영 화백은, 아름다운 예술의 고통을 즐기고 있다, 지금도. 아버지의 말씀대로 "하반영은 화공畵工!"인지도 모른다. 신비한 마술 같은 미美를 창작하여 그 그림으로 밥을 먹고, 그림으로 인간애를 실현한다.

아버지 화실의 촛불은 오늘 이 시간에도 타오르고 있다. (2008년 생존시의 모습이므로 현재형으로 씀)

4. 영이별은 없다.

이제, 그리운 작고作故 예술인의 함자를 누구와 함께 불러보랴. 시인 이병기, 설창수, 신석정, 김해강, 조두현, 장만영, 작촌 조병희, 박봉우 선생과 화가 이응로, 남농, 오지호, 오승우, 전혁림, 김기창, 박래현, 이의주, 천칠봉, 최예태…… 선생과 서예가 이삼만, 인당, 정휴당 문순길, 강암 송성용, 소전 손재형, 석당 고재봉, 최정균, 월담, 유당, 우당…… 선생의 맛나는 일화를 누구에게서 들을 수 있을꼬. 아버지의 역사에피소드를 자분자분 들려주실 분은 이제 소설가 홍석영 선생밖에 없다. 내게 한없는 사랑을 부어줄 어른은 이제 없다. 다만 아버지의 흔적인 그림을 여기저기서 만날 수 있으니 다행이다. 그림은 아버지의 내면 깊숙이에서 돋아난 언어다.

95세의 아버지는 전북대학병원 대장외과에서, 90세를 넘은 노인으로선 세계최초로 대장암수술을 받으셨다. 이틀만에 링거병을 주렁주렁 달고 일어나 걸음마를 하고, 사흘만에 스케치북에 병실 밖 풍경을 세필로 스케치하셨다. 야호! 아버지는 그림을 그리려고 살고 싶어 했다. 항암치료를 하시면서도 짜증내거나 우울해하신 적이 없다. 그림을 그리셨으니까.

그리고 2014년 5월이 저물어갈 때.

"아가! 이건 네가 보관해라. 너는 알아 보잖냐."

아버지는 붓을 들었으나 붓질을 할 수가 없어서, 오른손에 물감을 묻혀 그리셨단다. 아버지의 마지막 그림이었다. 두 손으로 그림을 받아들고, 나는, 아무, 말, 없이, 위아래 이를, 꼭, 물었다.

아버지는, 다시는, 그림을, 그리시지, 않았다.

경외하는 성철스님 생각에

성철스님은 결기가 곧아 아름다운 분으로, 내가 진실로 무릎 꿇어 경외를 드린 분이다.

1993년 11월 4일, 속내가 지랄 같은 만추 즈음. 성철스님이 불제자 원택스님의 가슴에 가벼운 몸을 기대고 가녀린 숨을 쉬신다는 보도를 들었다. 그분의 세수世數 81세, 법랍法臘 58년째였다. 진즉에 가상假象의 험난한 세파에서 물러앉아 계시던 큰스님께서 진짜 세상의 밖으로 훌훌 물러나셨다. 합장! 해인사의 퇴설당에서 해탈解脫하셨다. 합장! TV를 켜놓고 성철스님의 원적圓寂 소식을 들으며, 나는 얼른 무릎을 꿇고 두 손을 모으고 앉았다. 합장! 만추의 아침햇살이 찬란하게 유리창으로 비쳐들었다.

성철스님은, 이영주(성철스님의 본명)는 삭발을 하고 스님으로 태어난 해인사 퇴설당에서 윤회의 길로 떠나셨다. 가야산을 넘어 방방곡곡으로 108번의 열반종소리가 울려 퍼질 동안 내 두 손은 가슴에 함께 있었다. 그 종소리는 성철스님께서 이승의 호흡과 결별하는 소리고, 나에게 덧없는 세상고뇌에 매달리지 말라고 경책하는 소리였다.

며칠간 TV앞에서 성철스님의 성불을 지켜보았다. 감히 추모객에 낄 엄두가 안 났다. 전국에서 밀려드는 불자들과 추모객들이 해인사 일대를 뒤덮었다. 속절없이 가을비가 내리고 물들어 말라가던 단풍잎들이 속세의 허물처럼 떨어져 내렸다.

그때 해인사 경내 구석에 비구니 혜춘스님이 비닐거적 위에 앉아 있었다. 그 옆에 다 헤진 털신 한 켤레가 놓여 있었다. 성철스님의 주장자에 등에서 피가 나도록 얻어맞았다는 혜춘스님. 이제 누가 그를 꾸짖어줄까. 아무도 나를 꾸짖는 어른이 아니 계심을 떠올리자 등줄기에 찬바람이 지나갔다.

성철스님! 평생 잿빛 누더기 한 벌 걸치고 무소유를 행함으로 일러주신 스님. "부처님법대로 살아보자."며 10년간 장좌불와長坐不臥하고 또 10년간 동구불출洞口不出하며 수행하셨다. 앉아서 바람소리만 들어도 세상이치와 사람을 볼 만큼 공부하셨다. 스님을 찾는 누구에게나 "감투와 돈보따리는 가야산 소나무에 걸쳐두고 와서 3천 배拜를 하라."고 시켰다. 스님은 누구라도 자기를 만나지 말고 오직 스스로 '부처'를 깨닫기를 바라신 거다. 그는 가야산 호랑이로 불렸다.

열반하신 성철스님에게 새 옷인 삼베가사, 장삼을 입힐 때 눈물이 하염없이 흘렀다. 거의 한평생 누더기로 감싸였던 법구法軀가 오직 물질로 화하자 호사를 하는구나 싶었다. 법관法棺은 가야산의 홍송으로 해인사 목수간에서 지었다.

7일장. 다비식이 거행되는 날, 스님의 법구가 퇴설당 문을 나오시자 나도 불자들처럼 "석가모니불"을 함께 뇌었다. 해인사 경내를 돌아 앞마당에 모시자 비가 내리기 시작했다. 마치 대한민국의 하늘이 울고 땅이 가슴을 치듯이 비가 내렸다. 눈에서 멀어지면 마음에서도 멀어진다 했던가. 나는 중얼거렸다. "스님! 이승을 떠나셔도 영영 제 곁에 머무소서!"

송이송이 국화로 뒤덮인 영구차에 누워 다비장으로 천천히 움직여갔다. 스님이 우담바라다! 연도에 선 사람들만이라도 그 우담바라를 보았으니 평생 부처로 살아가면 좋겠다. 자그마치 20만여 명의 사람들이 커다란 사람숲, 사람산을 이루었다. 그들이 진심을 다해 탐진치를 버리고 이 땅을 정토로 만든다면 얼마나 좋으랴. 2000여 장의 법구경이 적힌 만장이 가을비에 젖어 가을바람에 나부끼고 있었다.

아, 성철스님이 연화대에 누우셨다. 마지막 염불이 잦아들자 종단의 스님들이 거화봉擧火棒에 불을 붙였다. "거화擧火!"란 말과 동시에 다함께 화택火宅 연화대에 불을 지폈다. "스님! 집에 불 들어갑니다. 어서 나오십시오!" 세 번 외쳤다. 스님의 혼은 무주공산으로 흘러가셨다.

부슬비는 하염없이 내리고 내 눈에선 맑은 눈물이 줄줄 흘러내렸다. 홀로 간난신고 속에 어린 딸을 가르쳐 대학생이 될 때까지 내 정신의 등대요 마음의 자존심이 되어주신 성철스님. 기독교 속에서 자란 이기적인 마음을 깨어 부수고 빛도 암흑도 없는 마음을 일으켜 세우도록 이끌어주신 스님! 나는 고苦의 근원인 탐진치를 버리고 단순하고 순전하기를 배웠다. 내가 딸과 함께 밥을 먹고 딸을 교육시키기 위해, 하기 싫고 구차한 일을 해야 할 때마다, 성철스님께서 불목하니에게 부드러이 이르신 말씀을 스스로에게 말했다. 산에서 불감을 지고 내려오는 불목하니에게 스님은 한결같이 말씀하셨다. "열심히 해라. 밥 잘 묵고!"라고.

기억은 추억처럼 새록새록 불거졌다. 생사가 바다의 파도와 같다셨지. 크고 작은 파도가 끊임없이 일어나고 스러지는 것일 뿐, 인생에는 한 번도 파도가 일지 않은 적은 없는 법이지. 크게 보면 내 인생이란 그 한 번의 파도치기에 지나지 않는 거겠지. 나는 자주 주먹을 꼭 쥔다. 내 감정선 내 생명선

내 성공선 등을 가리고 살겠다는 의지를 기르기 위해서다. 마디마디 관절이 아파서 갈수록 그 주먹을 쥐기가 힘이 든다. 이젠 순리대로 살 때가 되었나 싶다.

“산은 산이요, 물은 물이다”, 성철스님께서 신년법어로 말씀하셨을 때, 서울 광화문통 어느 술집에선가 이원철 시인과 앉아 그 말씀을 왈가왈부 논했다. 기독성경에도 ‘해 아래 새로운 것은 없나니 단 하나도 없다.’ 한 말씀과 상통이라고 나는 생각했다. 스님이나 먼 나라 기독교인이나 나나, 모두 해 아래 새로울 거 없는 존재라는 말씀 같았다. 말로 말의 뜻을 설명하려니 말빚을 자꾸 늘일 뿐이다.

성철스님은 “내 말에 속지 말라.”고 하셨다. “남을 속이지 마라.”고도 하셨다. 스님이 설법을 하셨으나 이미 부처님께서 다 하신 말씀이요, 자기 나름대로 달리 표현한 거에 지나지 않는다는 말씀 같았다. 남을 속이려면 이미 자기를 속일 수밖에 없다. 그러니 남을 속이지 마라는 뜻은 자신을 속이지 말라는 뜻이겠다. 소크라테스의 “너 자신을 알라.”는 말과 일맥이지 않은가. 성철스님과 한 시대를 함께 살아서 복이라고 생각했다.

늙으신 부모와 어린 자식을 포기하지 못하였으므로 속세에서 뒹구느라 청빈하게 살지 못하고 속절없이 세월을 까먹었다. 세상의 썩은 잣대로 보면 나를 가난하다 하겠지만, 나는 아직도 버리지 못한 채 움키고 있는 것이 지나치게 많다. 성철스님이 마지막 물질뿐인 몸을 지수화풍으로 돌리실 동안 그분의 말씀과 수행정신이 내 인생의 지향점이기를 소원했다. "스님! 지수화풍으로 흩어지셨으니 자유자재로 흐르시다가 부디 제 호흡에도 다녀가소서! 제 손을 어루만져주소서!" 합장!

성철스님이 연緣을 당겨주셨다. 후배와 둘이서 아무런 안내정보도 없이 길을 떠났다. 바람처럼, 물길 따라, 마음이 하자는 대로 이 산 저 마을로 돌아다닐 때였다. "이 길로 가면 어룬 님을 만날 것 같지. 가 보자!" 그런데 그 길 끝에서 초라한 나무팻말에 '김용사'라고 적힌 작은 사찰에 들어서게 되었다. 스님들의 하안거 기간이어서 선방에 함부로 들진 못했지만, 난생처음 절에서 밥을 얻어먹었다. 구질구질하게 생긴, 풀을 뜯어먹고 있는 개 '해탈이'를 불러 늙은 머리와 허리를 쓰다듬었다. 소박하다 못해 알량한 두어 걸음 길이의 다리를 건너 서쪽의 둔덕 끝에서 뒷짐을 지고 섰다. 뉘엿뉘엿 이글거리는 서녘의 해와 저녁놀을 바라보며 눈시울이 뜨거웠다. 내가 괴로움과 슬픔과 어려움을 견뎌내어도 저 노을의 한순간 아름다움에도 미치지 못하리라는 것이 느껴져서였다. 나중에 주지스님의 말씀을 들으니, 성철스님이 바로 그렇게 산책하시다가 어느 해 질 녘 첫 깨달음을 통하셨다고 설명해주었다. 그때 김용사 절은 막 중창불사를 시작하는 참이었다.

성철스님 이영주는 경상남도 산청군 단성면 사람. 어느 가을날, 여수 오동도의 향일암에 해맞이 기도를 가자고 나섰던 날. 겁외사에 들러 겁劫 밖의 일을 느껴 보자고 호쾌한 기분을 냈다. 겁외사 앞에서 묵곡리 동네어른들과 은행알을 구워먹으며 검정콩도 한 됫박 사고 산밤도 샀다. 날은 저물어 산길 물길 논길을 따라 멀리 떨어진 모텔을 향해 달릴 때 산마을의 달빛이 차고 맑고 하얀 했다. 잠을 설치고 인시寅時 새벽예불 시간에 맞춰 달려갔다. 한적하기 이를 데 없는 새벽, 법당에서 우리끼리, 오직 홀로 백팔배를 했다. 1998년이 이울 무렵이었다.

스님의 탄생성지인 겁외사에서 성철스님을 접견했다. 연화 속에 누더기가사를 입고 여러 모습으로 가둬진 스님의 영정을 유리상자 밖에서 몰래 찍은 것이다. 그 성성한 스님의 눈빛을 바라보면 헐거워졌던 정신이 번쩍 든다. 그 초라한 누더기를 철갑처럼 두른 모습을 대하면 별로 불편함이 없는 나의 가난이 하나도 부끄럽지 않다. 힘들고 어렵고 서러울지라도 사람답게 살고 싶어 미소를 띤다.

'스님, 성철스님. 부디 나를 살아있는 끝날까지 붙잡아 주소서!' 합장!

존경하는 하야시 에이다이 씨

당신은 일본인입니다.

대한민국의 일제강점기 때인 1943년부터 1945년까지, 대한민국 국민이 당한 치욕적 역사사실을 끊임없이 취재한 기록을 57권의 책으로 엮고도 아직도 정리중인 당신 하야시 씨는 역사학자이자 노학자老學者입니다. 당신은 한국에도 없는 '조선인강제연행 기록' 작가입니다. 두 손 모으고 고개 깊이 숙여 감사드립니다.

당신의 부친은 신사의 간누시神主로, 조선인 광부를 보살피다 경찰에 고문을 당해 사망하셨다지요. 하야시 당신이 겨우 초등학교 4학년 생도였다지요. 당신은 지쿠호 탄광지대에서 성장했다죠.

어린이 당신에게는 '역적의 자식'이라는 딱지가 붙었습니다. 1945년 8월 15일후, 군함도 탄광으로 강제연행되어 그 '지옥섬'에서 살아남은 광부들은 고향인 한국으로 돌아가는 길에 당신의 집을 찾아가 돈을 놓고 갔습니다. 중증질병과 영양실조, 익사 등으로 사망한 122명을 대신하여 살아남은 그들은, 선생의 부친에게 '사람대접'을 받은 감동과 은혜에 감사인사를 드린 거지요.

와세다대학을 자퇴한 당신은 고향에 돌아가 공무원이 되었습니다. 공해반대운동을 하며 취재를 시작했습니다. 당신은 일본패전日本敗戰 이전에 행해진 잔혹현장과 신주神主이신 아버지의 부당한 죽음을 뼛속 깊이 기억할 수밖에 없었지요. 〈청산되지 않은 소화昭和-조선인 강제연행기록〉은 당신의 대표적 결실입니다. 600여 장의 사진, 해설과 63명의 생생한 인터뷰기록이죠.

일본정부에게 당신은 거추장스럽고 골치 아픈 존재일 겁니다. 철면피를 쓴 일본정부는 명단기록이 없다며 부정했지만, 당신은 끈질기게 추적했습니다. 하시마 서도瑞島=다른 이름으로 군함도軍艦島와 사키토崎戸탄광에서 자살 또는 일을 하다가 익사한 광부들의 화장火葬을 허가한 증명서=공문서를 발견했습니다. 완벽한 범죄란 없다고 합니다!

당신은 조선인 사망자 170명의 한국 본적지로 편지를 띄웠습니다. 잘하셨습니다. 그러나 한국은 남북분단과 소위 6.25 전쟁을 치렀으니 엉망진창의 행정체계였습니다. 불행하게도 140통은 수취인 불명이었으나, 천만다행하게도 전라도와 경상도에서 30통의 답장을 받았습니다. 당신은 억울하게 죽은 자의 영혼들과 그 불운의 후손들을 만나기 위해 한국을 방문했습니다. 1990년 10월이었지요.

그 후로도 여러 차례 탐문하러 다녀가시면서, 탄광강제연행의 상처가 여전히 유족을 악마의 장난처럼 괴롭히고 있음을 알았습니다. 그냥 겉에 긁힌 상처가 아니라 뼛속 깊이 아로새긴 피눈물이었으니, 상처도 유산처럼 유전遺傳되었겠지요. 그 시대를 통과한 부모들의 참상을 들은 것만으로도 아직도 일본에 대하여 분노와 적대감을 품고 있습니다. 인류애와는 무상관입니다.

군함도는 일본의 제2재벌이라는 미쓰비시三菱가 사들여 탄광사업을 하다가 1974년에 폐광되었습니다. 2015년에는 유네스코 세계유산위원회에서 '세계문화유산'으로 승인했습니다. '조선인의 강제노역 사실을 인정하는 내용을 적시할 것을 조건으로 제시했지만, 일본은 그 약속을 아직도 지키지 않고 있습니다. 군함도는 내용이 부실한 전시장인 거지요.

당신은 어떤 영혼을 가진 분입니까? 신의 의인義人이십니까? 당신에게는 한국인인 나의 생명과 인권까지도 존중받는 느낌입니다.

당신은 아직도 사설도서관인 '아리랑문고'에서 발굴한 역사 기록물을 정리하고 있습니다. 당신은 암환자라고 들었습니다. 그런데도 손가락에 만년필을 테이프로 묶고서 글을 쓰신다고요! 나무관세음 당신의 말이 문득문득 쟁쟁히 들려옵니다.

"역사의 교훈을 배우지 않는 민족은 자멸의 길을 걸을 수밖에 없다." 작건 크건 인간의 존엄성을 인간이 해치거나 망쳐선 결코 안 되지요. 더구나 강대국의 행패로 인간을 학대하고 핍박하는 일은 극악무도한 범죄행위입니다. 엄밀히 인류는 형제입니다. 카인과 아벨의 전설을 언제까지 이어갈까요? 지식과 인식을 가진 지구의 영장靈長이 말입니다.

당신은 책을 발간할 때마다 일본인들에게 "비국민 하야시 에이다이는 죽어라." 하는 협박을, 온 가족이 주야장천 당했습니다. 부인께서 가장 힘들고 애가 탔겠습니다! 송구하고 안타깝기 그지없습니다. 세계적인 문명국의 국민이 어찌 역사 인식과 인권존중의식이 그리도 어둡답니까? 역사는 허위나 허구가 아니라 사실의 기록이어야 함을 부정해선 안 되지요.

가족에게 더 이상 피해를 당하게 할 수 없어, 당신은 환자의 몸으로, 홀로, 아리랑문고에서 기록과 싸우며 증거기록물들과 동거하고 있습니다. 부디 당신이 할 일을 다 이룰 때까지, 온 세

상의 신께서 당신을 지켜주실 것을 간절히 기도합니다. 합장

전라도 전주에서, 류승완 감독의 영화 〈군함도〉를 개봉일에 보았습니다. 역사적 사실이나 하야시 선생의 그 기록의 참상을 보고 싶었으나, 그냥 상업영화였습니다. 700만 명이 넘는 〈군함도〉의 관람객은 어떤 역사의식을 배웠을까요? 일본에 대한 단순한 미움이나 악감정이 아니라, 선생의 말씀대로 부디 '역사의 교훈'을 배우는 계기가 되기를 간절히 빌었습니다. 당신의 말씀에 백번 공감하고 동감입니다. 역사 없이는 현재의 우리가 없고, 잘못된 역사를 반복하지 않는 미래를 이루려면 역사에서 교훈을 뼈저리게 배워야 합니다.

영화 〈군함도〉를 감상하고 나서 내내 하야시 선생님, 당신을 생각합니다. 자꾸 당신의 고난의 일생이 생각납니다. 하야시 선생님 말씀과 "한 사람의 의인만 있어도 소돔을 멸하지 않겠다."던 기독성경의 말씀이 쟁쟁하게 들립니다.

존경하는 하야시 에이다이 선생님!

전쟁을 겪지 않은 나라는 거의 없습니다. 그 악행의 피해를 가진 만국인에게 선생님은 역사의 사표가 될 것입니다. 당신의 업적은 세계인에게 선물입니다.

*이 글을 발표하기 전에, 안타깝게도 하야시 선생께서 9월 1일에 타계하셨다는 〈시사IN〉 기사를 읽었다. 삼가 엎드려 재배를 올린다.

생각나는 그 사람
– 김수환 바보 추기경님

2014년 광복절 즈음, 프란체스코 천주교 교황께서 내한했다. 그가 한국에 머무는 닷새 동안 TV앞에서 모처럼 나는 행복했다. 불통의 시대, 불통의 나라에서 같은 생각을 가진 훌륭한 어른을 만난다는 것은 정말이지 흐뭇하고 눈물 나는 일이다.

그가 내한하여 조촐한 자동차를 타고, 낡아 보이는 가방을 손수 들고 다니며, 노상의 민초들과 어린이를 어루만지고 그들에게 귀 기울이며, 손잡고 눈을 맞추고 표시 안 나게 기도하는 모습은 진실로 그의 가슴에 충만한 사랑을 나누는 일 같았다. 아멘! 그가 가진 직위와 상관없이 자유와 낙낙한 사랑을 민중에게 솔직히 나눠주는 걸 느꼈다. 그는 진실로 사랑과 자비심으로 가득 차 있었다.

교황은, 선택하여 꽃단장한 어린이가 아니라 보통의 어린이들을 축복하고, 꽃동네정박아의 놀이를 2시간 동안이나 선 채로, 미소로 바라보았다. 세월호참사로 인해 고통스레 정부와 투쟁하고 있는 슬픔과 분노에 찬 민초를 어루만지는 그를 볼 때, 나는 김수환 추기경님이 못내 그리웠다. 그의 순전한 어린애 같은 미소가 그리웠다.

"사람들이 나를 어떻게 봐요? 사람들이 나를 어떻게 평하나요?" 한평생 전지전능하고 선하신 하나님을 경외하는 성직을 수행한 추기경이, 보통사람들이 자신을 어떻게 평할까를 염려했다. 그를 지켜보는 진짜 하나님은 바로 사람들이었다. 그의 세배덕담은 늘 "정직하게 자라라!"는 말이었다. 그의 짧은 말들은 나에게 채찍이었다. 이 땅의 지도자의 위치에 앉은 자에게 화인火印처럼 꽝 찍어주고 싶은 말이기도 하다.

인생에 철이 들면서 연습하는 것은 '남에게 나를 묻는 것'이다. 스스로 "나는 누구인가? 어떤 존재인가?"를 수없이 물었고, 나의 지극히 작고 낮은 존재가치에 울기도 퍽이나 울면서 사람이 되어갔다. 이제는 가끔 남에게 물어본다. "저를 어떻게 생각하세요?"

정세의 난국을 지켜보며 정의와 이익 사이에서 방황할 때나, 과거시간을 회억하며 억울함과 애통함으로 분노하고 괴로울 때에도 나는 김수환 추기경님을 생각했다. 그러면 그는, 과거는 자비로 대하고, 오직 내 생명과 삶의 현재를 사랑하고, 그 누구도 알 수 없는 미래는 섭리에 맡기고 살라고 차근차근히 일러주셨다.

그렇다. 이미 잃어버리거나 사라져버린, 눈곱만치도 어쩔 수 없는 과거에 매달려 원통절통해 하면 무엇하겠는가. 남편의 핍박과 오라버니의 고난이나 타인들의 횡포도 과거지사. 그 과거는 오직 부처님의 자비로, 예수님의 사랑으로 대해야 한다. 모든 인간과 인생사에 필요한 건 자비로다. 천지만물을 불쌍히, 사랑스레 여기는 거다. 아멘!

그러하다. 지금 내가 살아있음만으로도 축복인데 어찌 천지신명이 나를 사랑하지 않으랴. 새파랗게 젊을 땐 어리석어서, 사랑은 남에게서 받는 것인 줄로만 알고 애가 탔다. 그런데 스스로 병들고 나약해지고 살 시간이 많지 않음을 느낀 때부터 무엇보다도 자신을 스스로 사랑해야 함을 깨달았다. 그 사랑과 더불어 타인 타물을 사랑해야 진실로 사랑인 것이다. 삶은 언제나 현재이며, 지금 자신을 사랑하는 자는 망녕되이 행동하지 않으며, 어리석게 방종하거나 탐욕스럽게 소유하려고 하지 않는다. 자신에게 돌아올 초라한 평가를 두려워할 줄을 알기 때문이다. 추기경님이 귀천할 때 제일 먼저 터져 나온 말은 "이제 내 편에 서실 분이 없다."였다. 정말이지 등이 허전하고 시려왔다.

그럴 것이다. 한 치 앞을 알 수도 없고 내 뜻 그대로인 것은 없다. 내가 맘먹고 수고할지라도 그 성사의 때를 이루는 것은 천지신명의 섭리이다. 밀알보다 작은 사람의 진심과 사랑을 다한 오늘이 미래의 씨앗임을 믿고, 지금 이 시공간을 감사하고 사랑할 뿐이다. 미래는 언제나, 누구에게나, 인간의 권한 밖이다. 나는 조금씩 인생에 철이 들어간다. 오지 않은 내일에 고쳐 살려 말고, 지금 할 수 있는 대로 사랑해야지. 한 개 있으면 반으로 나눠먹고 그가 오지 않으면 내가 가면 된다. 때리는 자라면 멀리 떨어져 있으면 된다.

요즘 심신이 편해서 살이 오른 나는 김 추기경님과 법정스님의 조촐한 말년을 떠올리며 민망하다. "나는 죽으면 무서운 심판을 받을 거 같다. 가난하지가 않잖아. 내 삶은 가난과 너무 거리가 멀다."고 추기경님은 말했다. 산상수훈의 첫 구절이 "심령이 가난한 자는 복이 있나니 천국이 저희 것임이요." 아닌가. 심령이 가난한 자는 절대로 자기의 물질 부요富饒를 누릴 수 없다. 어느 때부터인가 추기경님은 가난하지 않았다. 낮아질 수도 없었다. 비록 그에게 탐욕이 없다 해도 교회제도와 형식이 그를 가난하고는 멀리 있게 했다. 어쩌면 가난한 자의 고난과 감사를 진심으로 느끼지 못하고 살았다는 뜻인지도 모른다. 정신적인 삼고三苦가 탐진치라면 노병老病에 든 육체의 삼고는 뜻대로 먹지 못하고, 맘대로 배설을 못하고, 말똥말똥 못 자는 것이다. 노병에 들어서야 김 추기경은 두루 가난한 자가 된 것이다. 그때서야 진실로 가난한 자의 고난과 감사를 절감했는지도 모른다.

그랬을 것이다. 그의 묘소는 내가 꼭 가 봐야 하는 장소인 것처럼 나를 기다리고 있었다. 아름다운 청년 조카를 슬픔 속에 분당메모리얼파크에 안치했다. 그곳 산자락에 김 추기경님은 조촐하게 쉬고 있었다. 그의 산소에 들러 귀가하는 저녁엔 이해할 수 없는 무지개가 서녘하늘에 떠서 한참동안 나를 배웅했다.

각기 6년 동안, 나는 아버지와 어머니의 죽음의 문전을 지키며 뼈저리게 느꼈다. "어서 죽고 싶다!"는 말은 얼른 천국에 닿고 싶다는 다른 말=고통스런 목숨이 싫다는 것이란 것을. 스스로를 스스로 감당할 수 없음은 가장 못 견딜 고난 고통 아니겠는가. 한 번 죽은 자는 고해세상 이 세상으로 절대 돌아오지 않았다. 죽음 너머가 천국임에 틀림없다. 그래서 나는 천국에 계실 부모님과 추기경님을 그리워할지언정 슬퍼하지 않는다.

정직함과 선함의 표상이요 의로움의 실천자였던 그분 김수환 추기경님. 고난 받는 자를 사랑하고 감싸주신 그분 김수환 추기경님이 프란치스코 교황이 떠나신 후 못내 그립다. 프란치스코 교황의 말씀과 동심同心이 되어 세월호 이후 줄줄이 고난에 빠져 있는 민초의 손을 잡아 주실 텐데……. 바보의 웃음이 간절히 보고 싶다.

잘 가요, 스티븐 호킹!

스티븐 호킹! 그는 지금 어디쯤 가고 있을까?

그가 지구를 떠난 날, 한국의 하늘은 찌뿌둥하게 내려앉기 시작하여 이튿날 내내 부옇게 부슬비가 내렸다. 평창 동계패럴림픽이 진행되는 도중이었다. 부자유한 육신의 활동을 아주 멈춘 그는 비로소 편안할까? 저 무한 우주 속 어느 블랙홀로 빨려 들어가는 중일까?

인류사 이래 최고의 과학자라는 아인슈타인을 능가한다고 평가받았던 천재 물리학자 스티븐 호킹의 두뇌는 어떻게 그 작동을 멈추었을까? 그가 블랙홀이론을 처음 발표했을 때, 물리학의 상대성이론과 양자역학을 제대로 이해하지 못하면서도 〈블랙홀 이론〉을 열중하여 읽었다. 우주에 대한 궁금증과 신비한 상상력으로 납득하면서. 현대인간이 발견한 우주크기만한 우주가 4~5개 더 있어 우주는 무한대와 같다는 것이다. 종교심으로 확신하는 것이 아니어서 믿을 수도 없고 아니 믿을 수도 없었다.

나는 그 허공을 눈을 감고서 상상해 보았다. 어느 날 문득 2,500여 년전 석가모니의 한 말씀을 떠올렸다. 우리가 보고 아는 이 세상 너머에 삼천대천세계가 벋어있다고 설파한 부처님의 영안영통靈眼靈通의 지혜를. 그 영통이 설파한 세계를 현대과학이 입증하는가 싶을 지경이었다. 아무튼 스티븐 호킹은 두뇌만으로 세계의 젊은이들과 과학도의 우상이 되고, 그의 삶은 과학적으로는 설명할 수 없는 또 하나의 신비였다.

호킹 박사는 21세기에 들어서서 자기의 물리학이론을 부정하고 철회했다. 평생의 연구발표가 오류임을 인정하고, 아무도 명확히 부정하지 못한 자기의 연구업적을 부정하는 용기가 놀라웠다. 참으로 진실한 학자라고 생각하게 되었다.

그 후 21세기의 과학자들은 이미 우주와 지구와 인간의 관계를 우연적 필연이라고 생각한다고 한다. 다중우주 속 한 우주의 한 귀퉁이에 우연히 지구가 떠 있게 되었을 뿐이라는 것이다. 게다가 우연히 지구와 태양과의 거리가 마침맞게 1억5천만 Km 떨어져 있어서 생명체 자연이 존재하기에 알맞았으며, 인간이 고등생명체로 진화할 수 있은 것도 우연이자 필연이라는 것이다.

휠체어에 앉아 우주물리학을 연구한, 두뇌와 눈과 심장기능으로 살면서 상상력으로 더 깊고 넓은 사고를 한 사람 호킹은, 눈동자와 음성합성기를 작동시켜 의사를 표현하고 손가락 끝으로 휠체어를 작동하여 돌아다녔다. 나는 그를 한번도 불구자라거나 비참한 인생이라고 생각하지 않았다. 나에게 그는 다만 위대한 물리학자고 지혜로운 선각자였다.

바그너의 명곡 〈니벨룽겐의 반지〉의 아름다움과 음악의 힘에 귀를 기울인 사람 스티븐 호킹은 세 자녀의 아버지였다. 첫사랑 제인 와일드는, 루게릭병으로 한 2년간의 생존을 진단 받고 실의와 우울과 절망에 빠져있는 스티븐의 구원자요 수호신이었다. 제인은 세계제일의 우주물리학자로 그를 성장시킨 스승이요 안내자나 다름없다. 제인은 스티븐을 학대한다는 비판 속에 이혼을 했지만, 그를 백천만번 이해한 훌륭한 모성의 여성이다.

호킹 박사는 그의 연구업적을 오류라고 스스로 인정하였으므로 더욱 존경스럽다. 대부분의 물리학자들은 시간과 우주공간에 대해 더 이상 무슨 이론을 발견하거나 결정적 규명을 하지 못하리라는 걸 단정하고 있다. 다만 호킹처럼 시간과 공간에 대한 상상을 사고하기를 바랄 뿐이다. 또 자연은 인간보다 훨씬 상상적이라는 호킹의 견해에 공감하기를 바란다.

나는 지구 한 귀퉁이에서 살아가는 보잘것없는 고등동물이다. 그러나 인간과 자연의 역동적인 상상의 힘으로, 지구가 떠돌고 있는 우주의 신비를 자주 상상하며 즐기고 싶다. 이것이 내가 살아가는 시공간을 사랑하고 이해하고 즐기는 방법이다.

나보다 훨씬 불완전한 육체로 살다간 스티븐 호킹의 한마디를 생생히 기억한다. "우주의 기본적 법칙 하나는 완벽한 게 없다는 것이다. 그 불완전함 덕분에 너도 나도 존재한다."는 그의 말을 기억하는 나는, 어떤 사람에게나 자연물에게도 불평불만을 갖지 않으려 한다. 해 뜨면 해 떠서 좋고 비가 내리면 비 내려서 좋아한다. 스티븐을 존경하면서 육체의 아픔을 견디고, 두뇌가 살아있으면 삶에 잘 적응하고 난관을 극복하리라고 믿었다! 그렇게 살았다.

현재 우리나라의 상황과 국민은 불안정하기 짝 없다. 호킹을 빌려 말하자면, 그러므로 "우리는 무엇이든 열심히 할 이유가 있고, 조금씩 성공할 것이다." 그가 지구의 경계를 벗어나고 비가 부슬거리는 그날, 나는 서울행 고속버스 안에서 부연 차창 밖을 우주공간처럼 상상하며 몇 번이나 말했다. "잘 가요, 스티븐 호킹! 불완전함 불편함이 없는 우주공간으로.

시작도 끝도 없는 적멸의 시간 밖으로. 안녕!"

스티븐 호킹은 우리에게 유산을 주었다. 그의 일생은, 어떠한 난관에도 삶에는 무언가 할 일이 있으며 인간은 그 일을 할 수 있다는 증거다. 그의 삶과 학문은 최고의 유산이다.

마광수의 생각은 앞섰을 뿐

내가 참 좋아한 문사文士 마광수는 1951년 1.4후퇴 피난 중에 태어난 한국인 수재였다. 그 말은 황폐하고 황량하고 미성숙한 국가에서 정 맞기 딱 좋은 모난 돌이었다는 말이다. 오호, 슬프다.

마광수는 다독가에 지성적이고 창의적인 사상가였다. 그는 마음의 힘 곧 의지로 '운명은 복종하는 게 아니라 변화시킬 수 있다'는 사상을 가졌는데 그게 딱 나와 동감이고 동의同意였다. 그는 케케묵은 신본주의 곧 오래된 고정관념에 매이지 않았으며 오래 살아야-100살 살기를 바랐다-진짜 인생의 승리라고 생각했다. 그런 그는 한국인의 후진적인 고정관념과 군부독재 하의 눈치보기 인생살이에 적응하기가 무척 힘들었을 것이다. 오호, 괴롭다.

그의 전반기의 책들은 동시대의 독자로서 참말 재미났다. 한국문학의 교훈성과 위선과 과거의 명저를 우려먹는 문학계를 비판 풍자하며 "문학은 도덕교과서가 아니다."고 명징하게 선언했다. 나는 그의 수필집 ≪나는 야한 여자가 좋다≫의 열렬한 애독자였다. 속이 후련하고 시원했다. 씨알맹이가 콕콕 여문 과즙이 맛난 과실 같은 수필이었다. '청산별곡'에서 운율을 따서 썼다는 〈야하디 얄라성〉은 언어미감의 재치를 맛보여 주었다.

박두진 시인의 추천으로 시인이 된 마광수. '윤동주 연구'로 박사학위를 취득하고 최연소 대학교수가 된 마광수. 드디어 한국의 대학도 미국의 대학처럼 실력 위주로 평가되는 줄 알았다. 그는 젊은 지성의 대명사였다. 그러나 그의 영광은 결코 오래가지 못했다. 바로 소설 〈즐거운 사라〉가 '비참한 마광수'를 만들고, 한국 소설문학의 쪼잔함과 자질구레함을 장식하는 비극을 장식하게 되었다. 오호, 기막히다.

1990년에 잡지 ≪여성자신≫에 연재했던 〈즐거운 사라〉를 1991년, 서울문화사에서 출간하였다. 김홍신의 ≪인간시장≫이 일본의 삼류소설 같은 말초신경자극제라면 ≪즐거운 사라≫는 프랑스의 ≪벨드쥴=낮외출≫을 연상할 만큼 남녀의 성담론을 논의해 봄직한 진보적인 소설이다. 나의 견해는 그랬다. 남녀의 성적 관념이 유별나게 차별되고 왜곡된 우리에게 '사라'는 새로운 성담론의 질문이었다. 그러나 오래된 군사정권 아래 획일적으로 지식인과 사회를 통제하던 시대였던지라 엉뚱하고도 오지랖이 넓게도, 당시 현승종 총리(그 이름도 잊을 수가 없다.)가 특별지시를 내렸다나 뭐라나, 정말 거지발싸개 같은 일이 벌어졌으니, 영장도 없이, 학생들 앞에서 강의 도중에, 대학교수가 강의실에서 파렴치범처럼 체포당했던, 신기하고 희귀한 사건을 만들어냈다. 정상적인 사람의 음란성 기준을 넘는다는 것이 죄목이었다니! 소설인데 말이다. 오호, 비참하다.

당시에 소설가 이문열이 발설한 군소리도 결코 잊히지 않는다. "구역질을 동반한다. 보잘 것 없다."가 이문열의 평가였다. 소설 ≪사람의 아들≫의 작가의 말씀이 이 지경이었다. 우리는 소녀시절에 ≪채털리 부인의 사랑≫과 H 밀러의 ≪북회귀선≫, 일본소설 ≪잠자는 미녀≫나 D.H.로렌스의 ≪무지개≫를 읽지 않았는가. 이문열은 정말로 한국의 '작가 중의 작가'인가? 아무 때나 나서서 훈계하고 간섭하는 사람은 오래된 내비게이션에 지나지 않는다. 결코 사용가능한 내비게이션이 못된다. 쓸모없는 것이 사람들로 하여금 헛짓을 하게 하기 때문이다.

나는 마광수가 아니고 남자가 아니라도 긴 머리를 한 젊은 여성이나 손톱을 말끔하게 다듬은 여성에게 매력을 느낀다. 스스로 손톱에 요지가지 그림을 그리곤 했다. 요즘엔 긴 머리에 킬힐, 네일아트와 피어싱에 색색의 머리염색이 보편화된 시대 아닌가. 아, 독서가요 사상가요 창작가인 마광수는 적어도 앞서간, 선견지명을 가졌으며 낭만적인 미학을 창작할 수 있었다고 생각한다. 격세지감 아닌가! 그는 'Me Too'를 당할 행동이나 행위를 저지를 천박한 작가가 결코 아니었다. 오호, 애통하다.

당시 연세대학 제자들의 구명운동의 피켓문구는 자존심이 있고 아름다웠다. "마광수 교수는 인도와도 바꿀 수 없다." 짝짝짝! 한국의 '셰익스피어'인 것이다. 셰익스피어는 수백 년 전에 별의별 남녀관계를 써서 연극을 하고 영화를 만들어 무릇 대중의 심금을 건드렸지만, 국가에서 음란죄로 체포 구금했다는 말을 오늘날까지 들은 바가 없다.

그의 시집 ≪천국보다 지옥 가기≫의 의미심장한 속내를 즐긴다. 천국엔 밤과 술이 없어서 싫단다. 나도 그렇다. 천박한 인간에게 밤은 섹스요 환락이며, 술은 주정과 음란을 의미할 테지만, 진실로 인간에게 밤은 안식이고 자기로 돌아가기이며, 술은 대화요 위로인 것이다. 바로 이렇게 사유와 인식이 다른 무식한 사람들이 천재 마광수에게 우울증과 공포의

관을 씌웠다. 그를 서서히 외롭게 두렵게 죽어가게 한 것이다. 오호, 미치겠다.

나 또한 히피가 출현한 시대에 대학을 다녔다. 데모 데모 속에서도 미래의 꿈을 꾸는 청춘을 맘껏 구가하였으니, 격식보다는 자유와 독창적 인생관을 세우고 살았다. 그때 인생의 뼈대가 선 셈이랄까. 평생 허기진 사람 밥 먹듯이, '인간과 인생'을 제대로 알기 위해 읽고 읽었다.

마광수는 나보다 2년 5개월이나 적게 살았는데, 2017년 9월 5일, 그만 스스로 먼 나라로 길을 떠났다. 부엌 베란다의 방범창에 스카프로 목을 맨 그이 소식이 들리자, 그보다 늙은 나의 눈에서 눈물이 떨어졌다. 그는 장국영처럼 꼭 자살할 것 같았고, 그 때는 가을일 것 같았었다.

그는 '사라'처럼 외롭고 고독했다. 죽음을 끔찍하게 두려워했다는 그. 차라리 죽음과 맞장을 뜨고 싶었을 것이다. 늙어가며 초라할 정도로 외로워지는 자신을 기다린다는 것은 공포였을 테니까. 공포는 인간을 죽이는 가장 무서운 조건이지 않은가. 오호 통재로다.

마광수여, 비로소 그대, 편히 쉬시라.

마광수여, 당신은 문학을 창작하고 문학을 사랑한, 진실한 문사였다. 나는 그대의 죽음까지도 그대가 전신으로 쓴 작품으로 읽는다.

〈작품해설〉

김용옥의 영혼 순례,
그 외롭고 뜨거운 예인들

박 양 근

(에세이스트, 문학평론가)

고정관념의 세계에서 떠나 시련고난 속에 방황했던 나의 영혼을
깨끗이 씻어주는 예술은
우리가 세계를 향해 인간과 인생을 얘기하는 가장 아름다운 방법이다
-「아름다이 사는 법」에서

심천선생의 연인들에게

김용옥 작가는 시인이고 수필가이고 야생화스케치 화가이다. 음악애호가이고 영화평설가이고 문화담론객이다. 외딸을 지극히 사랑하고 시아버지 하반영 화백을 존경하고 어머니 정휴당 서예가를 흠모한다. 그의 좁은 아파트에는 갖가지

화초가 한철 이르게 피어나고 두 칸 방에는 오랜 세월을 함께 한 귀한 서적들이 가득하다. 다변이면서 눈물이 많고 박학하면서 한숨도 깊다. 몸을 조각내어 갖가지 문학모임에 참여하는 동안에도 작품 여백에는 존재자로서 김용옥이 여전히 자리한다. 꽃비린내가 넘쳤을 생놀이 여인이, "저 그림 속 노랑을 마시며 나는 밝게 살고 싶다. 나는 아직 간절히 살고 싶다."(〈해, 달, 별 땅, 꽃의 빛깔이여〉)고 외치는 글쟁이가, 어떻게 열혼熱魂을 다스렸을까. 어쩌면 "멈추고 쉬라"는 휴하休霞라는 호는 깊디깊은 한정원恨情願을 문학과 예술로 가라앉히라는 명패일지도 모른다.

예술가로서 김용옥은 "홀로 걸어가야 하는 고독한 몸짓"의 주인공이다. 이 미적 공감대를 자코메티의 조각상「걸어가는 사람」에서 찾아낸 작가는 그 여윈 걸음을 자신의 삶과 문학의 정체성으로 삼는다.

> 걷고 걸었다. 외로웠다. 아직도 끝나지 않고 계속해서 걸어야 하는 내 인생이 정말이지 외로웠다.… 눈시울이 뜨거워졌다. 나 자신의 절망, 결혼의 실패, 미래의 불안 앞에서 첫걸음을 떼던 때가 밀려왔다… 그 후로… 마침내 나는 멀리까지 걸어왔다…
>
> –「걸어가는 사람」 일부

김용옥은 진정코 걷는다. 연애편지 같은 글을 쓴다. 잠을 아껴 그림을 그린다. 진실한 예술가를 동행으로 삼으려 하지만 사무엘 베켓의 「고도를 기다리며」의 주인공처럼 그 인연은 참으로 드물다. 있었더라도 이젠 모두 세상을 떠나버렸다. 혼자 남겨졌다. 그래도 다다른 곳이 있다. 꽃 같은 예술이다. 행복하지만 쓸쓸하다. 이것이 러브레터의 행간에 숨겨진 진실이 아닐까 싶다.

김용옥은 이미 9권의 수필집과 5권의 시집과 1권의 화시집을 상재하였다. 각종 잡지에 투고하고 인터넷 신문에 기고한 대기원고가 대여섯 권은 될 것이다. 그중에서 문화예술 에세이를 선별하여 상재한 『김용옥이 띄우는 연애편지』는 책머리 「경계가 없는 수필」에서 "수필은 삶의 뼈와 살을 옹글린 글이다"라고 밝힌 것처럼 예술철학과 인문정신을 집적한 문학통신이다. 동시에 김용옥의 삶과 문학의 행로는 투명하게 보여주는 인문평전이라는 의의를 갖는다.

1. 위대하여라, 정신적 멘토여

김용옥에게 예술은 생명의 원천이며 죽음의 종점이다. 본인도 수녀나 비구니가 되었을 자신이 펜과 화필을 잡았다고 회고하듯이 「씻김굿에 나는 우네」는 자서自序에 해당한다. 어린 시절부터 수집광이었던 김용옥은 머리핀, 문학잡지, 레코드판을 버리고 심지어 보석까지 도둑맞았지만 책은 목숨처럼 애지중지해왔다. 어머니가 남긴 서예와 시아버지가 남겨준 그림은 고귀한 예술혼으로서 김용옥의 삶에서 소중한 유산으로 자리한다.

김용옥의 문학 예술은 인간과 역사와 자연과 우주가 합쳐 이루어진 것이라는 미학을 세운다. 이것이 러브레터의 등뼈 역할을 한다. 그녀의 삶은 참으로 곡진했지만 더없이 자애롭게 그 고비를 이겨냈다. 인생이란 숱한 갈래와 고비가 있지만 지나고 나면 그저 평범한 행로에 불과하다. 그 믿음은 「우주의 나이테, 지구의 나이테, 나의 나이테」에 고스란히 나타난다, 작가는 자신의 삶 72년이 우주의 138억여 년과 지구의 46억 년과 하나라고 여긴다. 아버지와 어머니, 유인원과 박테리아, 석가모니와 소크라테스, 니체와 진묵대사가 내 안에서 숨쉰다고 말한다. "그 바탕 위에서 나는 삶을 즐기고 있다."는 김용옥의 인생론은 인위적인 구분을 초월한다. 삶과 죽음, 인생과 예술, 현실과 이상의 경계를 넘어 "살아야한다"는 생=우주라는 등식을 품고 표현한다.

김용옥에게 삶과 예술을 숙성시켜준 두 영혼이 있다. 두 분은 서예가 정휴당인 친정어머니와 화가인 시아버지 하반영 화백이다. 정휴당 서예가는 한국 최초로 서예초대전을 개최

한 작가로서 보이지 않는 애정과 영감을 전해준다. 모녀지정은 「꽃 없는 화병」에서 다음과 같이 전달된다. “어머니란 존재는 한 여자의 꿈을 사장하는 곳. 꽃 같은 여자가 아내가 되면 이내 여종이 되고 일꾼이 되어 이내 시들어버리지.” 김용옥은 여자에게 꿈은 희생과 인내의 고해라고 풀이하면서 어머니이기 이전에 ‘인간’이고 싶다고 외친다. 무존재에서 벗어나기 위해 어머니처럼 작가 세계를 지향한다. “내 꿈을 박살내고도 나는 살아왔다”고 선언하고 “어떠한 생놀이가 주어지든 나는 즐거워하리라“고 말하는 가운데 ‘책놀이’에도 전념하는 자세를 잃지 않는다.

하반영 화백은 시아버지와 며느리라는 법률적 관계를 떠나 평생 ‘아가’와 ‘어른’으로 부르고 불리는 예인들이다. “나는 니가 시인인 것이 참으로 좋아, 니 시는 철학이고 인생이여. 내 인생에 김용옥 시인을 만난 것이 제일 잘 한 일이여.” “아버지는 세상을 여는 열쇠를 주셨다.”는 두 대화가 비춰주듯 그들에게 삶과 예술은 하나였다. ‘어른’의 사랑과 ‘아가’의 존경은 “순수한 작가와 예술가는 인간의 혼으로 나의 삶을 표현하되 남의 흉내를 내지 않는다.”는 유지와 “서랍 속의 문학은 문학이 아니듯이, 창고 속의 그림은 그림노릇을 못한다.”는 정신을 물려준다. 이 두 마디 부탁은 김용옥에게는 ‘마하와 만다라’의 가르침과 같다.

> 생활과 예술은 인생의 양 손 양 발인 것이다. 생활만 좇아 살면 먹다 죽는 인생이고 예술을 추구하고 살면 제대로 살다 죽는 인생이라셨다. 그러나 아버진 어떤 사람도 무시하거나 차별한 적이 없다. "모두 다 사람이니께! 그림을 볼 자격이 있는 거여. 가난하다고 무식하다고 그림을 볼 수 없다면, 그거 불행한 거여!" 아버지의 명언이다.
>
> —「하반영河畔影화백의 초상肖像」 일부

예술성을 끊임없이 추구하는 방랑자였던 하반영 화백은 "비자 없는 나그네"로서 60여 나라의 예술을 편력하였다. 김용옥도 범애적 안목으로 생의 아름다움과 통증을 편력한다. 그 예술적 필연이 맺은 『빛 · 마하 · 生成』은 시아버지의 망백望百과 자부子婦의 환갑을 맞아 하반영 화백이 그린 91편의 그림과 김 시인의 91편의 시로 이루어진 화시집畵詩集이다. 오늘도 식탁 위에 걸린 어머니의 유작 〈지족상락知足常樂〉과 더불어 김용옥의 삶과 예술미학을 지켜주는 두 등대이다. 하반영 화백과 정휴당 여사의 예혼藝魂은 오늘도 김용옥의 문학과 인문학이 뻗어가도록 서광을 비추어준다.

2. 문학으로 개성과 자유를 욕망하고

김용옥에게 자유와 개성을 허락하지 않는 사회는 '절망'이다. “네 땅이 부처의 땅이고 바로 네 이웃만물이 네 눈부처라고!” 「밟기, 읽기, 알기, 깨닫기」에서 알려주어도 눈귀 닫은 사회의 니힐리즘과 나르시시즘에 분개한다. 진리와 미를 추구해야 하는 예술판이 ‘개판’이라고 탄식한다. 예술가는 탈인격적이 되어 버렸고 예술답지 않은 예술 때문에 인류생활이 품위를 잃어버렸다고 절망한다. 사랑의 언어마저 삭막해지고 있다고 덧붙인다.

그 세계에서 벗어나려면 홀로 걷는 것이 필요하다. 자연 속에서 자연스럽게, 예술 속에서 예술가답게, 세상에서는 두려움 없이 이웃과 사는 것이다. 작가의 예술론이 역사를 꿰뚫는 철학을 바탕으로 한다는 점은 사랑의 편지에 소개되는 작가들의 생애와 작품을 살피면 더욱 분명해진다. 그는 예술적 자유와 독창적 상상이라는 정신을 한국, 일본, 중국, 유럽, 미국의 헌신적인 예술가들에게서 찾는다. 이들은 때로는 죽음을 운명적으로 당하였지만 우리들에게 각성의 도끼질을 한 선각자들이다. 그럼으로써 김용옥이 띄우는 러브레터는 “타락하고 추악한 언어의 시대”에 의하여 개성과 자유를 박탈당한 문인들에게 가장 먼저 발송된다.

문학 영역에서 소개한 첫 작가는 「마광수의 생각은 앞섰을 뿐」에 소개된다. 마광수는 진보적인 성담론으로 보수적 학계와 문단으로부터 퇴폐적이라고 비난받았다. 작가는 사회적으로 매장되면 쉽사리 정신적 육체적으로 자살 당한다. 죽음과 맞장을 뜨고 싶었을 것인지도 모르지만 '사라'처럼 외로웠고 사회의 몰인정을 두려워하였다. 문학을 진정 사랑하는 사람들이 청산별곡의 "얄라리다운 삶"을 살고 싶어도 가식의 언어 무리들에 의하여 삶을 박탈당한다고 개탄한다.

김용옥도 히피 시대에 대학을 다녔고 자유와 독창적 인생을 세우려 하였다. 그러나 권력 재물에 빌붙은 문단이라는 대중지성의 괴물에 버림받았다. 인간들이 자기인식으로 돌아가기를 간절히 원했던 마광수처럼 자살하고 싶었으나 비굴해져 버린 문단을 피하는 데 그쳤다. 이런 외적 환경과 깨친 의식은 "대부분의 문학은 끼리끼리 인정하는 일회용 글쓰기가 되어 버렸다"고 『되나 깨나 IQ 천지』에 숨김없이 적혀진다.

작가는 진실로 무엇을 보고 듣고 써야 하는가. 김용옥은 "오래된 나무들과 꽃들과 새들을 만나라."고 편지글로 쓴다. "인간은 어찌 해야 인간다운 것인가?"를 묻는 자에게 "두뇌 사고를 잘 쓰고 마음그릇에 우주까지 담는 사람으로 살고프다."고 스스로 답하라고 말한다. 『지구에 띄우는 연애편지』 곳곳에는 김용옥 작가가 보고 싶고 듣고 싶고 말 나누고 싶은 이런 내용들이 가득 차 있다. 그 점에서 김용옥의 러브레러는 지순한 인간과 예술가들과 교우하고픈 작가의 희망편지이기도 하다.

3. 음악과 미술로 함께 살고

김용옥이 좋아하는 음악과 미술에는 열정의 기운이 흐른다. 그녀의 열정은 예술지향적이다. 항상 누군가의 팬이었던 그녀는 지금도 글로 깨어나고 음악으로 위로받고 그림에서 영감을 얻고 영화와 연극으로 살아남는다. 사랑을 추구하는 예술가를 멘토로 삼아 종교적 자애와 철학적 사색으로 무장한다. 영화 〈보디가드The Bodyguard〉의 주제곡 "아이 윌 올웨이즈 러브 유"는 이러한 삶을 고스란히 반영한 그녀의 애창곡이다.

그녀에게 음향은 영적 영양소와 같다. 음악의 음률 가사 사상 모두가 내면으로 흡수된다. 한국 가요계의 가왕인 조용필이 '바운스'를 부르면 "바운스 바운스 바운스"라는 즉흥시를 읊조린다. 음악의 화음을 빌려와 「꽃비린내 나는 여자를 보라」는 수필과 "그리운 사람" "사랑 12"라는 열정과 비애의 시도 짓는다.

대중음악은 그녀의 민중애를 자극한다. 마왕 신해철과 '비틀즈'의 존 레논에 대한 애정이 각별한 이유는 하반영 화백의 예술 정신처럼 "난 항상 너를, 너를, 그리고 너를 사랑할게"라는 대중예술론에 충실하기 때문이다. 「마왕 신해철이여, 다시 안녕」은 사회 정의와 민중의 꿈을 노래한 그의 음악을 소재로 한 수필이다. 「젊은 영혼을 뒤흔든 비틀즈」는 폭력과 무기가 없는 평화시대를 노래한 뮤지션에게 바치는 러브레터이다. 그녀도 절망적인 민중에게 인내와 도전의 열의를 전하려 한다.

> 모란이기도
> 장미이기도 바라지 말라
>
> 들길 풀섶에
> 한 떨기 풀꽃이고자 하라
>
> – 김용옥 「에피그램」 전문

정휴당 서예가와 하반영 화백의 영향은 김용옥의 미적 해석을 풍부하게 만든다. 오감으로 예술작품을 만난 예는 프리다 칼로와 쿠사마 야요이의 미술에서 찾을 수 있다. 교통사고로 만신창이가 된 육신의 고통을 이겨낸 프리다 칼로는 멕시코의 첫 전시회에 자신의 망가진 몸을 뉘어 극적인 전시품이 되었다. 인생이란 언제 난파되거나 침몰할지 알 수 없지 않은가. 그럴수록 예술가는 삶을 아껴 예술을 위한 제단으로 삼아야 한다. 그런 일화를 가슴에 새긴 김용옥도 늘 불건강에 시달리지만 오장육부까지도 예술을 위하여 소모되기를 원한다. 그 자세는 "인생의 끝순간까지 그림을 그리겠다는"는 하반영 화백의 삶에 일치한다.

「동그라미와 증식의 마술사」는 쿠사마 야요이의 미술을 소개한 내용으로서 예술에세이의 정형을 이룬다. 작가 소개, 작품 특성, 미술계에 끼친 영향, 그리고 작가 자신의 견해를 정리하는 가운데 85세 노익장에 경탄한다. 회화, 설치미술, 퍼포먼스, 영화에 이르는 갖가지 장르에 반영된 인간의 생성과 소멸을 지켜보는 김용옥은 자신의 삶도 변화의 물결 위에 놓여 있음을 깨닫는다. 내일은 또 다른 내가 될 것이라는 각오를 품은 김용옥은 시서화에 초시간적 영감을 불어넣어 인생과 함께하는 만다라를 이루려 한다.

3. 영화로 민중애와 사랑을 살피니

김용옥은 감독과 배우들에게도 사랑의 편지를 띄운다. 「찰리 채플린과 동행」, 「밤의 해변에서 혼자」, 「파이 혹은 Life of pi」 등 영화에세이를 읽어보면 문학과 전혀 다른 세계가 발견된다. 그 내용은 "철이 들면서 웃음 뒤에 슬픔을 알았고 인생을 알 만하자 웃음 뒤에 고통과 사랑을 이해했다."는 구절처럼 영화와 연극에서 웃음과 슬픔과 고통과 사랑의 진수를 알았다는 공통점이다. 영화가 지닌 사운드, 칼라, 이미지가 그녀에게 초현실적 상상과 사고를 불러일으킨다.

김용옥은 화면과 무대를 양서와 고전처럼 읽는다. 이런 모습은 「파이 혹은 Life of pi」에서 살필 수 있다. 벵골 호랑이와 인간이 폭풍에서 함께 살아남은 이유를 호랑이의 자연성과 인간의 지혜에서 찾는 작가는 인간의 본능을 제어하는 것은 이성과 지혜와 사랑이라고 말한다. 파이pi가 그리는 무한대에서 '사유의 완결은 없다'는 금언을 찾아낸 김용옥은 무엇보다 인간은 지식과 지혜를 키워야 한다는 견해를 분명히한다.

영화인에 대한 김용옥의 애정은 각별하다. 비극적인 생애를 마주하면서도 빛나는 업적을 이루어낸 김기덕 영화감독, 김종학 PD, 찰리 채플린 배우, 판토마임이스트 최경식, 홍상수와 김민희 등은 예술을 존재의 원리로 여긴 예인으로 간주한다. 김종학 PD는 〈여명의 눈동자〉로써 드라마의 미학을 민중들에게 소개한 업적을 이루었지만 스스로 생을 마감했다. 〈피에타〉는 중학교 학력과 구로공단 노동자였던 김기덕 감독을 인정하지 못한 인색한 도덕성과 자본의 추악함을 고발한다. 〈밤의 해변에서 혼자〉에서는 홍상수 감독과 김민희 배우의 사랑을 순애냐 불륜이냐로 구분하지 않고 현실에서든 예술에서든 "아프지 않고 뜨겁지 않고 무분별하지 않은 사랑이 어디 있으랴."고 위로해준다. 김용옥의 속내는 이들을 등장시켜 예술적 재능을 도와주지 못하는 사회는 말기암을 앓고 있다고 지적한다.

김용옥은 영화에서도 사랑이 가장 효과적인 미적 매체라고 여긴다. 동적인 영화보다 정중동적 영화를 좋아하는 김용옥은 예술과 영화가 구현하는 사랑의 방식을 과연 사람들이 이해할까에 의문을 품는다.

김용옥의 연애편지는 실제 세바스치앙 살가두의 지구사랑에서 시작하여 '사라'를 창조한 마광수 문학으로 마무리된다. 그러나 평자는 마광수의 사랑 주인공 '사라'에서 시작하여 '두 감독과 여배우'의 사랑으로 끝나는 역방향을 선택하였다. 예술과 인생은 상호 교감하므로, 작품과 평설도 서로 보완하므로, "나의 수필에 경계는 없다"는 그녀의 말에 무엇보다 공감하므로. 김용옥 작가의 문학과 삶을 지켜본 문우로서 연애편지를 한 번 더 읽어 주십사 하는 부탁의 마음으로 역순을 선택하였다.

4. 러브레터의 회신은 무엇인가

김용옥에게 문학과 예술은 존재의 망이다. 그녀에게 예술은 하나의 둥치와 뿌리를 가진 나무와 같다. 이러한 성찰은 「그림말 암벽화」에 나타난다. "맨 처음 그림말을 창조한 사람은 누구였을까?"라는 질문으로 인류의 족적, 역사의 언어, 자연의 생명력을 환기시키면서 예술은 인류와 역사를 생성시킨다는 믿음을 키운다. 예술은 간절하게 말해주고 싶은 것을 전하는 실천적 고난이라는 사실도 수긍한다. 김용옥의 이런 견해는 고스란히 어머니와 시어른으로부터 물려받은 것이다. 나아가 그녀는 어머니의 위대한 젖가슴 같은 글을 존중하고 항암치료를 받으면서 "그림을 그리려고 살고 싶어 했"던 어른의 예술혼을 본받고자 한다.

『김용옥이 띄우는 연애편지』의 수신인은 예술가들만이 아니다. 성철스님, 김수환 추기경, 스티븐 호킹이 있다. '생각나는 그 사람'과 '아름다이 사는 법'을 아는 사람도 포함된다. 지구 땅에서 '걸어가는 사람'이면 누구나 김용옥의 사랑편지를 받을 수 있다. 왜냐하면 오늘의 현대인들은 어느 시절보다 냉혹한 시대를 예술로 이겨낸 작가 화가 음악가 조각가 영화인의 삶을 알아야 하기 때문이다.

김용옥의 러브레터는 사랑의 밀서이면서 시대의 아픔을 공유하려는 팡세이다. 이런 문학과 인생은 누구나 원하지만 이루기는 쉽지 않다. 그 난제 때문에 문학인은 더더욱 문학의 꿈을 멀리하지 말아야 한다. 이것이 예술에 대한 예의이며 자신의 자존을 지켜줄 수 있는 방책이다.

『김용옥이 띄우는 연애편지』에 대한 회신은 무엇일까. 표현이 무엇이든 '나도 나 이외의 나를 내 삶 속에 깊이 심어두려 합니다.'라는 내용일 것이다.

김용옥이 띄우는 연애편지

초판1쇄 발행 2019년 11월 25일

지은이 김용옥
펴낸이 이길안
펴낸곳 세종출판사

주소 부산광역시 중구 흑교로 71번길 12 (보수동2가)
전화 051-463-5898, 253-2213~5
팩스 051-248-4880
전자우편 sjpl@chol.com
출판등록 제02-01-96

ISBN 979-11-5979-315-8 03810

정가 13,000원

이 도서의 국립중앙도서관 출판예정도서목록(CIP)은 서지정보유통지원시스템 홈페이지
(http://seoji.nl.go.kr)와 국가자료공동목록시스템(http://www.nl.go.kr/kolisnet)에서
이용하실 수 있습니다. (CIP제어번호: CIP2019045683)